舟山游艺

舟山群岛传统渔家游艺集萃

Zhoushan Qundao Chuantong Yujia Youyi Jicui

舟山群岛

传统渔家游艺集萃

Zhoushan Qundao Chuantong Yujia Youyi Jicui

马丽卿　王依欣　徐国平　缪晓耿　著

海洋出版社

2017年·北京

舟山游艺

前言

游戏起源于劳动，是人类幼年学习的主要途径和成长不可缺失的环节。《辞海》里这样定义游戏：以直接获得快感为主要目的，且必有主体参与互动的活动。拉夫·科斯特则认为，游戏是在快乐中学会某种本领的活动。传统民间游戏多是民众自发编制、民间广为流传、喜闻乐见的一种活动形式，是民族文化的一部分，它反映了一个民族共有的行为、思维、感情和交流模式。大凡生于20世纪70年代前的人，记忆中的美好童年都有着传统民间游戏的身影，印象最深刻的就是和邻居小伙伴们踢毽子、跳房子、滚铁环，游戏的快乐仍然是“七零后”“六零后”们的美好回忆。

可在当下，现代人的生活已经被高科技、快节奏、互联网所覆盖，人们将大量的时间花在网络的虚拟世界里、花在与冰冷的机器打交道之中，人与人面对面的游戏互动成为遥远的梦想。随着电视、电脑等高科技产物走进千家万户，传统民间游戏的文化场域与儿童的生存环境发生了剧变，游戏逐渐电子化、商品化和个体化，游戏材料也多为商品化的玩具，游戏地点则由户外向户内转移，群体游戏也转化为个人游戏。孩子们则不可抗拒地接受了现代科技影响并钟情于那些新奇的电子玩具及公园、游乐场里的大型游乐设施；原来那些生动有趣、与大自然直接接触、与生活贴近的传统民间游戏不再为孩子们所熟悉，遥控玩具、电子宠物、游戏机、电脑、网络游

戏填满了孩子们的业余时光，有些孩子甚至不分昼夜地沉迷于电脑游戏、网络游戏无法自拔，渐渐使生活失去平衡。由于很少在空气新鲜、阳光充足的户外锻炼，现在的孩子们更像温室里的花朵，经不起风吹雨打。物质文明高度发达的工业社会每天都在为我们的孩子制造新颖独特的玩具，刺激着孩子们的神经和欲望，他们对玩具的占有超过了对玩具的“玩”，这种情况导致了现代孩子普遍缺少玩伴，经常出现孤独的感觉。

传统民间游戏伴随着人类而出现，经历了一代又一代的流传和发展，早已成为我国优秀民间文化的重要组成部分。作为一种具有独特魅力的文化现象，传统民间游戏研究受到生物学、心理学、人类学、美学、教育学等学科的关注，即使在今天，传统民间游戏仍然有其不可替代的开发应用和推广价值，受到幼儿教育界和旅游开发商的青睐。

传统民间游戏是劳动智慧的深厚积累，是民间传统文化的宝贵结晶

大多数民间游戏都配有朗朗上口的童谣儿歌，儿歌的内容诙谐逗趣，带着浓郁的区域文化气息和时代烙印，有着较强的趣味性、娱乐性和文学性。譬如舟山的“猜拳令”就与众不同，游戏者一边出拳一边要这样喊道：“一条鱼呀，尤二狗，三江浪子，四月天，六谷种呀，七星照呀，丑八怪，九钱袋”，这与海岛生产习俗和区域海洋文化有着很大关系；“引蚂蚁”游戏中也配有歌谣：“蚂蚁哎，来扛金子银子来，砧板白刀背了来，蓑衣凉帽拿了来，阿爹阿娘叫过来……”也充分体现出鲜明的舟山海岛特色；“斗草”游戏的接口令则更文雅，既要说出不同季节生长的百草，还要讲究押韵、对仗，需要掌握一定的古诗词知识；有些游戏本身就是当地社会生活的写照，如“拉网扡鱼”“海上竖蜻蜓”“海上摆擂”“鳓鱼头骨制凤凰鸟”等游

戏，“披红毛人”则表现出舟山百姓对历史上入侵舟山的外国侵略者的痛恨。在网络游戏、电子竞技盛行的今天，传统游戏成为需要保护的文化遗产。

传统民间游戏贴近生活，玩具简单、玩法多样、活动便捷、游戏方式因地制宜

首先，传统民间游戏的材料多就地取材或者利用生活中的废旧物品，玩具制作简单，一些游戏甚至不需要玩具而只利用手、脚或身体的某些部位就可以三五成群地开心玩耍。如“拆子”游戏就是利用随处可见的小石子，“踢毽子”游戏可用塑料袋、鸡毛、毛线制作毽子，“鲞鱼头骨制凤凰鸟”利用了海岛居民天天饭碗里吃剩的鱼骨头。其次，游戏的内容、形式与生活密切相关，游戏伙伴则为同龄的小朋友。如“过家家”“办酒宴”“过城门”“跳胡同”“抬轿子”“拉网抲鱼”“官兵捉强盗”“网鱼棋”等游戏都是模仿日常生产和生活场景而创作出来的。最后，传统民间游戏的玩法多样，便捷易学。有团队合作的，也有个人技艺展示的；有动手制作的，也有利用生活器具随机玩耍的；有室内玩耍的，也有户外游戏的；有安静的智力比拼，也有跑跳飞跃、上天入海的运动竞技；有的只适合幼儿，有的则老幼皆宜，游戏方式因地制宜。

传统民间游戏有着浓厚的趣味性，是快乐的源泉

趣味性是游戏的生命，是传统民间游戏经久不衰的源泉。如女孩们都喜欢玩的“跳皮筋”游戏，孩子们边跳边念儿歌，玩法上从一根到两根、三根，位置从低到高；缺少同伴时，则将绳子套在椅子上、树上玩耍，非常符合儿童好奇、好动的特点。传统民间游戏还能促进儿童智力的发育。大多数游戏器具可由玩

者自己动手制造，这有助于培养儿童的动手能力，提高他们的思维能力，如“制蜘蛛网棚”“制纸飞机”“制竹蜻蜓”“制麦哨”等。民间游戏活动不仅让儿童在快乐有趣的游戏氛围中成长，也使成年人回归纯真美好的童年时光。

传统民间游戏有利于儿童社会性行为的形成，促进儿童品格的健全

传统民间游戏是群体行为的学习场所，许多传统民间游戏都由两个或两个以上人员共同完成，这对增进感情交流和培养团队合作精神十分有效。如“打陀螺”“斗鸡”“打菱角”等游戏，单人也能玩耍，但最有意思的还是同小伙伴的多人对抗。游戏圈是一个小型社会，游戏者一旦进入圈中，就会产生社会关系的雏形。在游戏过程中，游戏者不但学到人际沟通与交往的技巧，还学会了与他人合作分享、共同解决难题，明白了守纪律、重规则，培养了协商、宽容、理解和谦让的美德，这是获得良好人际关系的起点。

传统民间游戏有利于促进儿童身心健康

首先，传统民间游戏的地点大多数在户外，自然界蕴藏着丰富的促进人体健康生长的有效元素。新鲜空气中有充足的氧和负氧离子，能促进新陈代谢，增强免疫力，使呼吸系统和心血管的功能得以提高；空气的流动、压力、温度和湿度对身体产生刺激，可以达到锻炼身体的目的；阳光中的红外线和紫外线具有杀菌作用，紫外线还能促使维生素D的正常吸收，促使骨和软骨的骨化和正常生长，起到预防儿童佝偻病的作用。其次，传统游戏的各种动作，有利于增强人体器官的生理机能，促使机体健康、和谐地发展。譬如“跳皮筋”“跳房子”“跳竹竿”“踢毽子”“滚铁环”等游戏中的跳跃、奔跑动作，可以增强心肌收缩力，使每搏输出量增加，促进心

血管的正常发育；“抓包”“打弹子”“跳房子”“打陀螺”“骑竹马”等游戏锻炼了人的运动技能，促进人体骨骼肌肉发育，使手、脚灵活协调；“两人三脚比走路”等游戏能训练平衡能力，有利于人体内脏和神经系统的发育，使身体匀称和谐地发育；“扯线绷”“打弹弓”等游戏发展了手的肌肉群和手眼配合的协调性；边唱边跳的游戏方式既增强了游戏的趣味性，又锻炼跳跃动作和节奏感，增加了肺活量。到户外、到田边、到旷野中去，在大自然中进行传统民间游戏，成年人找回了童年乐趣，儿童也在游戏中发展了各种能力，增强了器官的生理机能，在获得身心愉悦的同时促进了机体的健康成长。

传统民间游戏的种种优点与发展潜力，使其不仅在教育教学活动中得到广泛的重视，在各类趣味性的民间竞赛和体验性旅游活动中也得到越来越多地应用与推广。为了使民间游戏这一珍贵的传统文化得以延续，让民间游戏重回民间，体现其特有的价值，并不断发展、壮大，我与舟山群岛普陀区的王依欣、徐国平、缪晓耿等几位民俗文化研究者一道，于2009年起陆续搜集并整理完成舟山群岛地区的传统民间游戏，现集成这本小册子。

我们努力将它做成不仅仅是介绍海岛传统民间游戏的册子，更让它成为一部海岛民间文化的集萃。然而，囿于水平与境界，书中仍有许多不尽如人意的地方，恳请广大读者和专家斧正。

马丽卿

2017年6月于舟山群岛

目录

第一章

团队合作

第二章

个人技艺

第三章

动手制作

第四章

野外游戏

第五章

弈棋

第六章

幼儿游戏

舟山游艺

舟山群岛

传统渔家游艺集萃

第一章 团队合作

官兵捉强盗

游戏渊源

舟山自晋代起就有了关于海盗的记载，尤其是在明代中后期与民国末期，海盗成为舟山地方上的最大祸害。老百姓对海盗的痛恨可想而知。在这种背景下，舟山人发明这一游戏就不足为怪了。这一游戏出现的确切时间无从考证。它大致盛行于20世纪70年代之前，为广大少年儿童所喜欢。但是，随着时代的变迁，尤其是电子玩具和塑料玩具的出现，这种游戏早已销声匿迹。其实，这是一种针对少年儿童情感培养、体智锻炼与团体性教育的娱乐游戏。

游戏说明

此游戏可将参与者分为两队：一队为“官兵”，一队为“强盗”。“官兵”进入“强盗窠穴”进行抓捕，被抓到的“强盗”则被关到指定的“地牢”里。关在“地牢”的“强盗”可以被同伙救出，救出后仍然可成为“强盗”。“官兵”要把“强盗”全部捉完才可获胜，反之，则为“强盗”胜出。

这是一种体智高度结合的少儿游戏。兵、盗双方都可运用战术策略，比如“欲擒故纵”“声东击西”等手法；同样，游戏中需要团队成员默契配合，体现出较强的团队精神，让参与者在活动中既可取乐，又可获得社会价值观。

游戏规则

由两队轮流指定“强盗王”与“将军”，分别指导战术及应对办法；游戏中两支队伍分别以头上所戴帽子颜色作区别；无论“官兵”“强盗”都要求在界内捉拿、躲闪，越界者算犯规；犯规者自动退出或被罚出场；捉拿的标准以“官兵”拍到“强盗”的手或背为准；以 3 ~ 5 分钟为一场次，“官兵”在规定时间捉完“强盗”才取胜，尚未捉完则为“强盗”获胜；“强盗”可以互救，以碰到另一“强盗”手掌即可逃出“地牢”，逃出的“强盗”仍扮演“强盗”；然后两队进行角色轮换，由最先被抓的“强盗”担当“官兵”。

游戏开始时，“官兵”闭着眼睛脸朝后站着，主持人慢慢从 1 数到 10；“官兵”开始从线外规定的区间跑入“窠穴”捉拿“强盗”。“官兵”只要用手碰到“强盗”身体（拍到其背或手）就算擒住，“强盗”自动进入“地牢”；“强盗”进“地牢”后，允许其同伙去救，同伙拍到其伸出来的手，便算救出。“官兵”捉完了“强盗”为胜利，否则败负于对方。

游戏过程中“官兵”只能抓或拍“强盗”的肩膀以下部位，不允许抓、拍头部位置，也不可猛烈撞击或推搡对方。

游戏要求

（1）人数不限，一般每组以 6 ~ 20 人为宜，分成人数不等的两队，“官兵”人数少，“强盗”人数多，一般以 1 ： 3 为宜。

（2）时间不限，每场 3 ~ 5 分钟。

（3）场地不限，室内野外均可，面积可大可小，根据参与人数的多少而定，以 60 ~ 100 平方米为宜，以粉笔画线为界。

（4）无须其他道具与器材，但最好要有一个依靠的地方，比如一棵树、一根水泥柱、一把椅子等，并用粉笔画出一个 5 ~ 7 平方米的“地牢”区域，其他空间为“强盗窠穴”，即“捕捉”活动区域。

拉网抲鱼

游戏渊源

海洋捕捞生产历史源远流长，可追溯到六千多年前的新石器时代；东海是我国渔业资源最丰富的地区之一，品种繁多的鱼货是舟山的第一大特产。舟山位于我国东南沿海，是我国第一大群岛，历来以渔业捕捞为主导产业。千百年来，勤劳勇敢的舟山人民在碧波万顷的东海上耕海牧鱼，拉网捕鱼。因此，拉网抲鱼这一具有鲜明区域特色的游戏诞生在舟山地区就不足为奇了。此游戏盛行于 20 世纪 70 年代前，尤为少年儿童所喜爱，但是随着时代的变迁和社会的改革，现已“凤毛麟角”，十分罕见。重新发掘并推广这一游戏，具有深远的历史意义和现实的利用价值。

这是一种因地制宜、适宜性广、运动量大的游戏，是一种重在培养少年儿童勇敢精神的娱乐游戏，它体现出步调一致、协同作战的团队精神。

游戏说明

首先以一人为网，众人为鱼；抓住一鱼补充为网，从而由一人网变为两人网；再由两人网捕鱼，抓住一鱼再补充为网，由两人网变成三人网……以此类推，捕鱼的网越捕越大，最终把鱼捕尽为止。此游戏先难后易，要有敢为人先的精神，寓含了团结就是力量、众志成城的理念和团队精神。

游戏最低人数为三人（适合家庭），具体人数不限，大至数十人甚至上百人，因地制宜，一切不作具体限定。但是参与人数越多，游戏场面越是宏大、热烈，游戏的娱乐性越强，游戏的趣味性越浓。不仅如此，游戏的场所也因人而定、不作规定和限制，人数越多游戏场所就越大。

此游戏突出一个“诃”字，即拉网捕鱼。随着主持人一声令下，一人网从外线跑到场内开始捕鱼。一人网必须在 5 分钟内抓到一条在海洋上游动的鱼，否则，要被淘汰出局，另选他人当作网。网不能用脚踢鱼，鱼也不准从网的胯下钻过去。

两个人手拉手组成两人网，“网”两边的手可以抓鱼，手与手拉着的空隙允许鱼钻过，触到网不算捕到，只有将鱼围住才能算捕着。不管是两人网、三人网还是数人网，只能用两边的手捕鱼，或围网捕鱼。直到海里的鱼被捕完为止，游戏圆满结束。

游戏要求

（1）人数不限，一般以 6 ~ 25 人为宜。

（2）时间不限，以 15 ~ 30 分钟为宜。

（3）场地不限，室外野外均可，场地大小视情况、因人数而定；一般以 50 ~ 100 平方米为宜；场地须平整，不能有凹凸不平之处，可以用绳子围场所，也可以用粉笔或石灰画界线。

（4）无须其他道具与器材。

摸暗洞

游戏渊源

孩题时，不知是家长还是老师曾给我们讲过这么一则故事。很久以前，寒冬腊月的一天，天上下着鹅毛大雪，两个穷人抬着一个富人行走在冰天雪地上。这天天气确实非常冷，可以把一头牛活活冻死。富人老爷坐在轿子里，轿子用布帘围起来，老爷身上还穿着貂皮大衣，可他却蜷缩着身子，感到越来越寒冷。两位穷人轿夫，抬着富人老爷疾步行走，他们身上衣单衫薄，刺骨的寒风刮着，为了不被冻僵，轿夫们只好不停地跑步前进，并且越跑越快，跑着跑着，他们的身上就热乎乎的，嘴里和头顶上还冒着白乎乎的热气。

他们把老爷抬到府上，挑帘一瞧，老爷却被冻死在轿里。这则故事告诉我们：生命在于运动。想必此游戏起源于古代，其目的也是为了取暖吧，然后才衍生出其寓言性、娱乐性和趣味性。

此游戏老少皆宜，尤其为少年儿童所喜爱，曾在 20 世纪 80 年代十分流行。这是一种既象征在黑暗中大胆摸索求进的娱乐性活动，又是一种体验失明者痛苦与不便生活的游戏。

游戏说明

此游戏虽然带有一定的危险性，两眼一抹黑在黑暗之中去摸（抓）人，别说是明眼人蒙上双眼，即便是长期生活在黑暗中的盲人也是很困难的。但是，如果我们处理得当，也是十分安全的，没有必要担忧。也正是因为风险性存在，才增加了游戏难度，从而带来趣味和刺激。

这个游戏在室内进行为宜。首先找一个合适的空房子，不宜过大，一般为 10 ～ 30 平方米，可因人数而定。游戏开始前，找一块布，将一人的眼睛蒙上当“盲人”；游戏开始，“盲人”就摸（抓）大家，大家在房间内逃跑、躲藏。该游戏有多种玩法，一种是蒙眼人摸到了躲避人就算获胜；谁被摸到，谁便蒙上眼睛当“盲人”再摸。第二种是摸到了还须猜出是谁；如果猜错了就算输，还得再摸，直至摸到并猜出为获胜。还有一种是计时法，在规定时间内摸到算获胜，否则算输。

看似简单的游戏，其实个中奥妙无穷。摸、逃双方都要运用智慧，开动脑筋，机动灵活。被蒙眼者既要胆大泼辣，又要细心听声辨向；逃避者既要直跑快走，又要巧妙躲闪。尤其是第二种玩法，要提前观察每个队员的体貌特征，如高矮胖瘦等，才能在摸到后辨别其为何人。总而言之，这既是一种运动型游戏，也是一种智力型游戏。

游戏规则

(1) 直摸法。主持人先挑选一人将其眼用一块黑布蒙上，口喊开始，逃避者在室内躲藏；慢慢从 1 数至 3，轻拍蒙眼者肩膀，游戏开始。他摸到谁谁就开始再摸，以此类推。被摸到者记负 2 分。每场时间 30 分钟，一场内谁的负分最多，谁就是输者，反之亦然。

(2) 猜人法。主持人先挑选一人将其眼用一块黑布蒙上，口喊开始，逃避者在室内躲藏；慢慢从 1 数至 3，轻拍蒙眼者肩膀，游戏开始。摸到了就猜他是谁，猜不准继续摸，直至摸到并猜出猜准为止。猜准记 5 分，猜不准记 2 分，被摸者都记负 2 分。每场时间 45 分钟，一场内得分最多者胜出。

(3) 计时法。主持人先挑选一人将其眼用一块黑布蒙上，口喊开始，逃避者在室内躲藏；慢慢从 1 数至 3，轻拍蒙眼者肩膀，游戏开始，并开始计时。蒙眼者须在规定时间内将逃避者摸到，一般为 3 ~ 5 分钟；否则被淘汰，另换人员。每个队员轮换摸，在规定时间内摸到都记 5 分。每场时间不做明确规定，一般为45 ~ 60 分钟。谁的分数最多谁为胜者，以此类推，并以此排定名次。

摸者只能用手摸，不能用腿脚踢，逃避者也不能从胯下钻过。否则视为犯规，犯规两次者则判为输掉整场游戏。

游戏要求

(1) 人数不限，一般以 3 ~ 10 人为宜。

(2) 时间不限，一般 30 ~ 60 分钟为宜。

(3) 场地不限，一般以室内为宜，房内地面和墙壁须平整，拔除墙上钉楔之类；场地可大可小，一般以 15 ~ 25 平方米为宜。

(4) 除一块蒙布和计时器外，无须其他器材和道具。

捉迷藏

游戏渊源

捉迷藏是我国民间传统游戏。顾名思义，就是要捉、要藏。这不禁令我们想起了“司马光砸缸”的故事。北宋时期著名的政治家、文史家和散文家司马光（1019—1086 年），七岁时已是一个十分聪明又非常懂事的孩子了。有一次，司马光与小伙伴在院子里玩耍。院子里有一口大水缸，一个孩子爬到缸沿上玩，一不小心掉进缸里。缸大水深，眼看孩子快被淹死，其他孩子吓得一边哭一边喊，跑到外面向大人求救。可司马光却急中生智，从地上捡起一块石头，使劲向水缸砸去。水缸破了，缸里的水流了出来，被淹的孩子得救了。故事虽然未直接告诉人们，他们在玩什么游戏，但不难猜测，是在玩“捉迷藏”，那孩子是想藏进水缸。由此可见，这游戏古已有之，时至现代，一直在民间广泛流行。

这是一个培养和提高少年儿童灵活机动和分析判断能力的益智型的娱乐游戏。

游戏说明

游戏由“捉”和“藏”两组人马组成。“藏”一组在划定的范围内藏起来，“捉”一组等“藏”一组藏妥之后再去捉，“捉”一组将藏的人全部找出来为获胜，或另有规定（寻找到百分之多少）也能获胜。但是藏的人数多，捉的人数少，比率一般以 1 ：4 为宜。

玩此游戏时人数可多可少，少至两三人，多达数十人；时间可长可短，短的 30 分钟左右，长的几小时；场地可大可小，小在几十平方米之内，大到一个树林整个村庄；地形可简易可繁杂，简至一间房间，繁到野外捉藏。总之，因地制宜，规则视情形而定。

游戏的组织者首先要勘察好场所的地形地貌，规定场地范围，在野外的还要标志出危险地点，并预先告知。

游戏的玩法有两种：其一，寻捉者直接把躲藏者全部找出，或是根据躲藏的人数找到 90%、80% 或 70%。其二，捉找“藏王”。寻捉者只要将“藏王”寻捉出来，便算获胜。“捉”“藏”两方都可以发挥各自的聪明才智，运用战术策略，采用“声东击西”“敲山震虎”“虚张声势”等战术。

游戏规则

(1) 普通玩法。主持人首先按人数的比例分成“捉、藏”两组，以头上帽子的颜色区分两组人员，各组人员站在指定位置，听主持人喊：“各就各位，预备开始！”一组跑入场内躲藏；一组闭目站立。主持人同时开始计时，10 分钟后喊：“开始寻捉！”每场 30 ~ 60 分钟。人员在 10 人以下者，全部寻捉到为胜，否则为输；

人员在 20 人以下，寻捉到 90% 为胜，否则为输；人员在 30 人以下，寻捉到 80% 为胜，否则为输；人员在 40 人以下，寻捉到 70% 为胜，否则为输。被寻捉者在指定的地方集中，第二次躲藏者视为犯规，罚出场外不得再参与。

（2）擒王玩法。俗话说擒贼先擒王，寻捉者要将“藏王”寻捉出两次才算获胜。“藏王”的扮演者可在背上贴一块标签以示身份。两组人员站在指定位置，听主持人喊：“各就各位，预备开始！”一组跑入场内躲藏；一组闭目站立。主持人同时开始计时，10 分钟后喊：“开始寻捉！”在寻捉到“藏王”后，须高喊：“找到藏王啦！”主持人通知各寻捉者：“原地闭目，开始计时（时间 5 分钟）！”待 5 分钟时间到，“藏王”以及其他人员躲藏好之后，主持人再次宣布：“……开始寻找！”第二次寻到“藏王”才算获胜。如果寻不到“藏王”，可参照普通玩法的规则定输赢，每场时间和犯规处理与普通玩法相同。

游戏要求

（1）人数不限，一般以 5 ~ 30 人为宜。

（2）时间不限，一般每场以 30 ~ 60 分钟为宜。

（3）场地不限，室内野外均可，场地大小视情况而定，可在方圆几百平方米至几千平方米。

（4）道具和器材，两种颜色的旅游帽子、计时器和望远镜（主持人所用）。

（5）注意尽量避免危险地带，若无法避免时，须说明并标明地点或竖立警示牌；场所可用绳索围起，或以某明显标志物为界，如公路、树木、电线杆、楼房等。

老鹰捉小鸡

游戏渊源

于20世纪70年代前出生的人，可能都不会忘记这个游戏，即使追忆起来，也清晰如昨日。在校园、在庭院、在生产队打谷场玩“老鹰捉小鸡”，那场景是多么热烈和奔放。这个游戏大多数是在冬季玩耍，由于它是一项大运动量活动，生龙活虎的孩子们一个个玩得浑身热乎乎，脸蛋红扑扑，愈发显得朝气蓬勃和健康可爱。如果女老师或女家长来充当孩子们的“母鸡”——保护伞，那么，这个游戏玩起来就更加趣味非凡，更能体现出伟大母爱的“护犊”情结。

这是一种有利于少年儿童身心健康的大运动量的娱乐性游戏。它历史久远，老少皆宜，尤其为孩子们所喜欢。

游戏说明

这个游戏简单明了，老鹰去抓母鸡身后护着的一长串的小鸡。人数不限，三个人以上（含三人）就可玩，若为三人，每个人充当一个角色，一个当母鸡，一个当小鸡，另一个就当老鹰。如果老鹰抓住了小鸡，小鸡和老鹰互换角色后再接着玩下一轮。游戏显得很单薄，最多三个轮次，每人充当一次不同的角色。因此，一般以 8 ~ 10 人为宜。

一场活动一场戏，演戏自然有主角也有配角。老鹰要抓小鸡，母鸡要保护小鸡不被抓去，小鸡自然也要逃跑。老鹰与母鸡就成了这场游戏的主角，人数最多的小鸡成了配角，但重在参与。这游戏主要是“老鹰”与“母鸡”的角逐；“老鹰”与“母鸡”都要运用智慧，开动脑筋；“老鹰”既要运用“声东击西”“虚以实之、实以虚之”的战术抓住小鸡，吃一顿“美餐”，还要有勇敢顽强、不怕挫折的大无畏精神；“母鸡”张开“翅膀”既要去看透“老鹰”心怀鬼胎的战术，以防止遭到袭击，保护好自己的幼崽不被“敌人”所捕获，也要有勇敢顽强、战胜困难的拼搏精神。“小鸡”虽人在多数身为配角，但是不仅要跑得快、躲得快，而且也要动脑筋想如何不被“老鹰”所抓捕。

游戏规则

（1）普通玩法。主持人先在参与的人员中用抓阄的方式选出“老鹰”和“母鸡”，接着让“小鸡”跟在“母鸡”后面在场内排好队形，用手拽着前边人的衣服，也让“老鹰”做好准备。随着主持人一声令下，游戏开始，同时计时。以“老鹰”拍到或抓住“小鸡”身上或衣服为胜。然后，角色转换，稍作停顿，主持人重新喊“开始”并计时。同时，可以换下“母鸡”，也可以不换“母鸡”。通常“母鸡”的担任者都为身强力壮者。

（2）对决玩法。游戏开始前，各组选派好“老鹰”与“母鸡”，再以抓阄的方式排出谁先谁后。游戏规则与普通玩法相同，只是不计时，抓住一只“小鸡”记5分。一场结束后稍作休整，角色转换好后，再进行第二场、第三场游戏比赛。两组以分数多寡决出胜负。

游戏要求

（1）人数不限，普通玩法一般8～10人；对决玩法每组6～8人。

（2）时间不限，普通玩法一般每场以30～45分钟为宜；对决玩法每场以25分钟为宜。

（3）场地不限，室外野外均可，大小一般为50～70平方米；但场地必须平整，以绳索围之或用粉笔画界。

（4）除主持人要有计时器外，无须其他道具和器材。

跳胡同

游戏渊源

这个游戏类似于现代体育竞技体操类项目——跳马。跳马活动起源于古罗马帝国末期，约公元 4 世纪，距今已有一千五六百年的历史。当初，跳马跳的是活生生的马，后渐渐改为用木马训练。1896 年男子跳马列入国际体育项目。但是，这个游戏有别于跳马运动的是“跳人马”，名称也显得特别有意思——“跳胡同”。

为什么不叫“跳人马”而叫“跳胡同”呢？据考证，“胡同”本是宋代以后发展起来的我国城市建筑中狭窄的街道的称谓，如旧时北京就有帽儿胡同、金鱼胡同、菊儿胡同等，而且每个胡同里往往都有一口水井。

"胡同"一词最初也不是汉族语汇，而是元人话语，关汉卿的《单刀会》中，就有"杀出一条胡同来"之语。"跳胡同"游戏初创之时，不是"跳人马"，而是"跳胡同里的水井"——后又简化转述为"跳胡同"。"跳胡同"是单调活动，跳着跳着就没意思了，因此后来就演变成"跳人马"，内容改了可名称未改，所以仍然称"跳胡同"。

此游戏十分有趣，也很好玩，很快乐，到了新中国成立后，被中小学的体育课广泛采纳，在近半个多世纪的时光里，深受广大少年儿童的喜爱。不仅在课内玩，还被广泛应用于放学后和节假日的游戏活动之中。

这是一种培养和提高少年儿童身体素质和情趣的娱乐游戏。

游戏说明

此项游戏活动之所以深受广大少年儿童的喜爱，这与 20 世纪 80 年代前被我国中小学体育课广泛采用是分不开的，其中还有一个原因就是简单易行。

玩此游戏人数一般不限，6 ～ 10 人为宜（不包括分组，分组的可适当增加，视情况而定），场地可大可小，按实际人数而定，一般为 25 ～ 200 平方米。

所谓的"跳胡同"就是将人体当成鞍马去跳。一个人弓着背作鞍马状，让其他人撑着背分开腿跳过去。跳时要根据不同年龄及儿童的身高、体质状况选择不同的"鞍马"。

游戏玩耍时，"鞍马"应立于中间，留出后面的助跑地段和前边的落地缓冲空间。

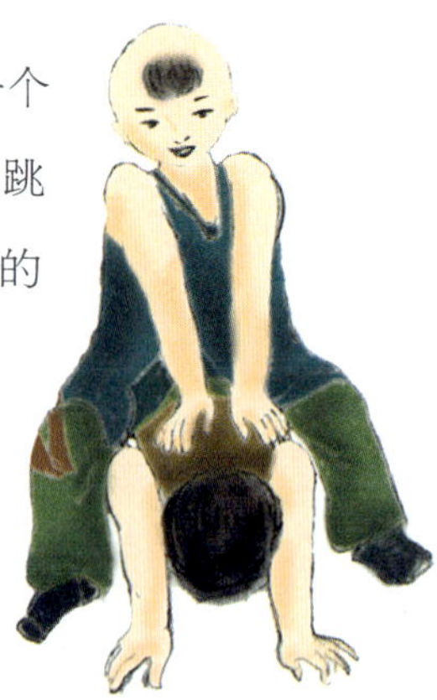

游戏规则

（1）普通玩法。主持人用抽签的方式选定一名“鞍马”人，并让“鞍马”弓于场地中央，跳的人员在其后排列。做好准备后，主持人下命令开始跳。一般的跳法为纵跳，即从“鞍马”屁股后面跳过去，跳时若腿或脚碰撞到“鞍马”人的背属于犯规，当作没跳过去处理。谁要是跳不过去或是犯规，谁就被罚作“鞍马”人，主持人重新组织下一轮比赛。如果全部跳完，主持人再用抽签方法选定一名“鞍马”人，但必须除去第一次当“鞍马”的人员。谁跳过的次数最多，谁就是胜利者。以此排定名次。

（2）特殊玩法。根据不同年龄、身高、体质选择不同的人马，然后，主持人把他们平均分成两组，也可分为三组、四组，每组 6 ～ 10 人为宜，均匀地排列在场地上，每组每人均离开一定的距离。游戏开始，每组从最后一人开始起跳，然后倒数第二人、第三人……直到排在前列的第一个“鞍马”人起跳为止。每一个跳过去的人都要弓在最前面继续作“鞍马”。这样循环跳一遍或两遍后，看哪一组先跳完，先者为胜。游戏竞赛中如有人跌倒或绊倒，可让其赶快纠正，然后继续竞赛。

游戏要求

（1）人数不限，普通玩法一般以 6 ～ 10 人为宜；特殊玩法一般每组 6 ～ 8 人为宜。

（2）时间不限，普通玩法时间可以年龄和体质为依据，年龄小体质差的时间少，反之亦然，一般以 20 ～ 45 分钟为宜；特殊玩法没有时间限制。

（3）场地不限，一般以学校操场和田径场为宜，大小不限，视参与人数而定，一般以 25 ～ 200 平方米为宜。

（4）无须其他器材道具，但要选一块平整的操场或田径场为游戏场所。

骑马赛

游戏渊源

舟山是一座海岛型城市，因其岛屿的特殊地形地貌，所以没有养马和骑马的历史。从前，很少有人见过马匹更何况是骑马，但是，童年时看过皮影戏、木偶戏和越剧戏文的人不少，到 20 世纪 50 年代之后，岛上孩童又受到革命战争影片感染，戏文和影片中的骑马放牧、骑马战斗和骑马将军的英武雄姿深深地烙在脑海中，孩子们崇拜骑马大将军，盼望有朝一日能当一名骑手，于是便产生了这个游戏，以实现当“骑手”的愿望，过一把当“骑手”的瘾。此游戏盛行于 20 世纪 70 年代以前，此后渐渐隐退，现已罕见。

这是一种有利于少年儿童身心健康并体现团结协作精神的娱乐游戏。

游戏说明

许多地方的“骑马赛”游戏是一人当“马”，一人当“骑手”，我们这里的游戏则有所不同：三人为“马”，一人为“骑手”，充分显示出团结协作的团队精神。游戏开始前，首先要挑选出人员组建“马”和“骑手”；三个人为“马”：具体是一个人在中间靠前，两个人在他的侧后，各用一只手分别携前面人的手，另一只手搭在前面人的肩上，这样就组成了“马”；再选一个相对轻小的人，让他分开两腿，骑在旁边两人搭背的手臂上，两脚踩在旁边和前面人的携手中，就成了一组“马”和“骑手”。这样可建成两个组或几个组，向前跑，比赛哪个组跑得快。

游戏中能否跑得快，能否有“战斗力”，关键看“马”组建得好不好，结实不结实。例如“马头”人要跑得快，他是主力军，“马身”也要经得起“骑手”骑，还有“骑手”重量要选得相对比较轻，不然一下子把“马”骑垮或骑散架了，这就相形见绌。总之，关键需要团结一致，协调配合，才能竞出好成绩。

游戏的人数、时间均不作严格规定。除上述“马”和“骑手”四人外，最好再配备一名“调马手”，每组为 5 人。“调马手”相当于指挥官，指导人员配备和游戏。

游戏规则

(1) 骑马赛。骑马赛即跑马赛，把 10 人分拆成两组，每组 5 人；游戏前，主持人让每组的“调马手”组建好“马”和“骑手”后，都立于起跑线上，然后发号：“各就各位，预备开始！”哪个组先跑到终点，哪个组就胜利。一般跑三次或跑五次决出胜负。每次每组在赛前可以调换人员。

(2) 骑马战。开始与骑马赛相同；游戏开始，主持人让两组人马各自从入口处“跑马”入场。双方合理靠近对方，不能用手打对方“骑手”，只能用手拉对方，把他拉下“马”或把“马”拉散架都为胜利。一共竞赛三场。双方都不胜为平局，增加一场。

游戏要求

(1) 人数一般为 10 人，分成两组；每组组成角色可调换。

(2) 骑马赛时间不作规定；骑马战每场 25 分钟，根据年龄和体质可作上下调整。

(3) 场地不限，室外野外均可；骑马赛场地为 5×100 平方米；骑马战场地为 50 平方米左右。

(4) 无须特殊道具和器材，但场地须平整。

过城门

游戏渊源

人们或许记不得此游戏的名称，但与此游戏相伴而生的儿歌却一定不陌生，“城门城门多少高，三十六丈高，骑挂马，带把刀，走进城门抄一抄”。小伙伴们那清纯稚嫩的歌声仿佛就在昨天。

过去年代的孩童不像如今的孩子，现成的塑料、电动玩具应有尽有，常常躲在家里看电视、玩电子游戏，玩各种电动玩具，深居简出，足不出户。那时，无论是清晨、黄昏，或者明月高照的晚上，无论在野外、校园、庭院、场坪，甚至在放学的路上，随时随地都可玩各种传统的游艺，他们欢笑追逐，其乐融融，身心都得到很好的陶冶。

“过城门”是一种有利于儿童身心健康和团结友爱的娱乐游戏。

游戏规则

游戏简单易行，人数不限，场地不分，特别适合幼童。游戏先选两名小朋友，两人手携手高举着搭成一座“城门”，其余小朋友手拉手排成一排站好；主持人宣布开始后，一队儿童唱着“城门城门多少高……”的儿歌，在两人搭成的“城门”下钻过去。等儿歌唱完的一刹那，两名携手者突然往下套，套住了哪个小朋友，这个小朋友就要被罚。要注意的是，必须套住小朋友的身躯，包括脑袋，套住手则不算。被套住的小朋友被罚做搭城门，替下前一名搭城门的小朋友，并表演一个节目，游戏继续进行。如果没有套住，那么重复进行。在一场规定的游戏中，谁被套住次数最多，谁就是输者。注意，刚开始的两名搭“城门”的小朋友不算被套住者。这游戏有运气的成分在里面，运气不佳会连续被套住，但也考验小朋友的灵敏度。开始时，你可以走得慢一些，听听儿歌是不是快要唱完，然后就赶紧跑走。这谈何容易，还是让小朋友自己去玩耍，去体验吧！

游戏要求

(1) 游戏人数不限，一般 6 ~ 10 人为宜。

(2) 时间一般为 30 分钟。

(3) 场地不限，室内野外均可，大小一般以 20 ~ 50 平方米为宜。

(4) 无须其他道具和器材，但要注意安全。

乌龟抢四角

游戏渊源

乌龟是远古时代以甲壳为中心演化而来的爬行类动物，它也是爬行纲中较为原始的品种，与恐龙生存于同时代。在我国贵州省黔南布依族苗族自治州发现的半甲齿龟化石，是已知最古老和最原始的乌龟，大概生活在距今2.2亿年前的中生代三叠纪。俗话有“千年王八万年龟”之说，乌龟是属于长寿类动物，有长寿之美誉。但长期以来，人们贬低乌龟在生活中畏首畏尾、胆小怕事、行动缓慢，使其成为一个栩栩如生的怯懦者形象的代言者。乌龟若想改变自己在人们心目中不光彩的形象，就要努力去挣、去“抢四角”，爱拼才能赢。

至于这游戏产生于哪朝哪代，何时何地，既无从考证，也无从知晓。

言及乌龟的拼搏精神，自然而然地使我们想起了“龟兔赛跑”的故事。从前，有一只乌龟和一只兔子比赛谁跑得快，它们选定了路线就跑起来。兔子带头冲出，奔跑了一阵，眼看着自己遥遥领先于乌龟，心想可以在树下坐一会儿，放松一下，然后再继续比赛。兔子很快在树下睡着了，而一路上笨手笨脚的乌龟则一步不停地超越了它，完成了比赛，成了货真价实的冠军。故事寓意很深刻，告诫人们爱拼才会赢，骄傲就要落后。

这是一种培养与提高少年儿童身体健康和机动灵活的娱乐游戏。

游戏规则

游戏比较简单，也无须任何道具。但是，这是体力和脑力相结合的游戏，玩者不仅要能跑善奔，还要开动脑筋，不仅要有勇敢精神，还要机动灵活。

(1) 游戏开始前，在场地上画定四角和中间点，4 人站立于四角点，1 人立于中间点。

(2) 游戏开始，四角点的人从边线上按顺时针方向开始跑，我跑向你的点，你跑向他的点，他又跑向第四人的点；与此同时，中间点扮“乌龟”的人则趁四角位置间人员调动之时，跑抢四人中任何一个位置。被挤出位置者接替做“乌龟”，然后，游戏再继续进行。如果谁逆时针方向跑，或者跑错了，无论是否抢占了位置，都算输，都被罚作“乌龟”。

(3) 在规定的时间内，谁当“乌龟”次数多，谁就输；相反，谁最少甚至没有当“乌龟”的记录，谁就获胜。可以每场计算分数，也可以几场累计分数，以此决出胜负，排定名次。

游戏要求

(1) 人数一般为 5 人；年龄和体质基本相同。

(2) 时间不限，每场以 20 ~ 30 分钟为宜。

(3) 场地不限，室内野外均可，场地大小以 10×10 平方米至 20×20 平方米为宜。

(4) 无须其他道具与器材。

乒乓球抢王

游戏渊源

讲起乒乓球，大家都格外熟悉。乒乓球运动起源于 19 世纪末的英国，相传于网球，规则与网球基本一样，只是在桌子上进行，因此有“桌上网球”之称。相传当时有几位大学生将桌子当作场地，用木板将酒瓶塞子像打网球一样在桌子上推来推去。到了 20 世纪初，英国轻工业发展了，瓶塞改成了赛璐珞，也将木板改成球拍，后来渐渐地继续加以改进，发展至今日的乒乓球。乒乓球虽不是我国的国粹，但它已成为我国的国球，在民间流传也颇为广泛。我国在乒乓球运动历史上占有绝对优势。乒乓球虽是体育竞技运动，被列入国家正规的体育项目，可它在民间却渐渐衍生出其他有意思的游戏活动，“乒乓球抢王”就是其中一项。

这是一个因地制宜、老少皆宜的趣味性浓厚的娱乐游戏。

游戏规则

依然以打乒乓球为游戏规则，只是竞技形式有所变化，目的是使更多人都能在短时间内玩耍。主持人将所有人员分成两队，每队抽签选出国王。首先两位国王对打，打赢的国王先点自己的大将。“点将”其实就是“抢王”。被点的将依次与国王对打。如果国王赢将，称为“服”了，如果国王输给了将，称为“不服”。如果国王三次“不服”，就可“篡王谋位”。将怎么篡王谋位呢？若国王输了三次，可由头将来清王，由二将、三将……依次来保王，清王的头将与保王的其他将对打，保住了王仍为王，将仍为将，保不住则由头将为王。一组点完将，另一组再点，当两王都点完将，则“两国”开战。“两国”开战头将对头将，输了则由二将顶上，这样一直打下去，打到国王出场，最后到国王输掉为止，再更立新王。接着进行第二轮点将。

每人只打一次，每次为三只球。可以进行多场“抢王”，视情况而定。第二场点将时，以第一场王为王，每组成员的“将”可以抽签划分。

国王轮流做，这是何等痛快！只有第一场国王是选出的，可是，第一场国王位置也并不一定保得住，若想当国王就要看自己的本事。虽然当了国王，但在这届国王任期，与他国开战是否成为战胜国，则要看你的能耐和运气了。

乒乓球是靠技巧取胜，而不是用抢取得的，用“乒乓球争王”显得更为合理和妥当，但我们为了尊重民间的称呼，仍袭用旧名：“乒乓球抢王”。

而且，规则上输赢只打一次，因此很大程度上都是碰运气的，水平低下者也能成王，而且轮流较快。

游戏要求

(1)人数不限，一般以 8 ~ 16 人为宜，每组以 4 ~ 8 人为宜。

(2) 时间不限，打完为止。

(3) 场地不限，室内室外均可；大小以一普通乒乓球室为宜。

(4) 一张普通的乒乓球桌；一副乒乓球拍和若干乒乓球。

猜领头人

游戏渊源

此游戏主要流行于 20 世纪 70 年代以前，历史悠久，源远流长；值得庆幸的是，随着时代的变迁，它还没有完全消失，舟山市仍有部分幼儿园还在开展此游戏。

从前，人们（包括孩子）赋闲无事时常常玩此游戏。在一些书籍和影视剧里我们常常看到大家坐在一起猜谜语，名著《红楼梦》里就有此情节。但猜谜语要求有较高的文化素养，对于一般百姓来说难度较大，大多数平民很难参与进来，因此取而代之的便是这一简单易行的游戏。大家选出一个领头人和一个猜领头人，这两个人是整场游戏的主角，其余的人重在参与。但是，领头人和猜领头人的角色也不是那么容易，若猜不准或失败了还得表演一个节目呢，唱一首歌，或跳一支舞，或表演其他一个节目。

这是一种少年儿童尤其适合幼儿的智力型娱乐游戏。

游戏说明

此游戏简单易行，只要老师或家长组织好，一定能搞得热情洋溢、热闹非凡。

游戏人数可多可少，没有一定限制，时间上也不做规定。首先，组织者选好一个领头人和一个猜领头人。领头人夹在众人中间，大家围在一起，领头人做各种动作，如拍拍手、摆摆头、眨眨眼，大家跟着一起做，然后让围在中间的猜领头人去猜。猜中了领头人，则由领头人做猜领头人，新领头人重新选出，游戏继续进行。猜领头人可以猜三次，三次都猜不出则要被罚表演一个节目；领头人被猜中了也要被罚表演一个节目。

时代在前进，领头人做的各种动作也要跟上新时代的步伐，多姿多彩，以增加猜的难度，有利于开发大家的智力。

游戏规则

（1）游戏主持人首先用指派或抽签的方式，选出一个猜领头人。让猜的人走出门外或转身闭上眼睛，总之，不能让猜的人知道领头人是谁，否则游戏将失去意义。

（2）选好领头人并与大家围在一起；叫猜的人进来站在中间，并闭上眼睛，大家跟着领头人做动作。

（3）动作开始后，猜的人睁开眼睛并开始猜测谁是领头人，若猜错了闭上眼，等下一动作后再继续猜。可连猜三次。

(4) 猜中了，领头人表演节目并罚做猜的人；三次猜不中，猜的人罚表演一个节目。如果猜中了，需再选一个领头人继续游戏；如果猜不中，游戏重新开始。

游戏要求

(1) 人数不限，一般以 8 ~ 45 人为宜。

(2) 时间不限，一般以 30 ~ 45 分钟为宜。

(3) 场地不限，室内野外均可，大小以 20 ~ 60 平方米为宜。

(4) 无须其他道具和器材，表演的节目需提前准备。

爬老虎蛋

游戏渊源

此游戏中扮演的角色是“老虎”。说起老虎，令人情不自禁地想起了“谈虎色变”和“东山老虎要吃人，西山的老虎也要吃人”等俗语。从前的家长为了让孩子乖乖地听话，总是恐吓孩子说：“老虎来了！”可见老虎是一种凶猛的动物。其实老虎作为百兽之王，八面威风，也是人们心中的英雄和崇拜对象；再加上不管是东北虎、华南虎还是孟加拉虎，如今都濒临灭绝，物以稀为贵，人们对它的喜爱程度已超越往常。

其实，此游戏是大家要争抢“老虎蛋”，“老虎”则要保护它的“蛋”，此一抢一护，玩起来便妙趣横生，情趣盎然了。

这不仅是老少皆宜的热身运动又是一种运用智慧的娱乐游戏。

游戏说明

从前的人们，劳作与学习之余，平整好一块地方，唤来一拨朋友，就玩起了“爬老虎蛋”的游戏。

大家选出一个扮老虎的人，用五块小石头当“老虎蛋”。扮老虎的人趴在地上，护着五只“老虎蛋”，众人则去争抢。在争抢过程中，如果谁的手或脚被老虎踢到了，就换他扮老虎。如果扮老虎的人踢不到人，而老虎蛋又被抢光了，这叫一窝，可连玩三窝。第一窝不处罚，叫作一窝让；第二窝的处罚是象征性地打几下，叫作二窝打；第三窝的处罚是爬地一周，叫作三窝当牛耕。当牛耕即把老虎的一条腿提着，像犁把一样跷着，用双手和一条腿在地上爬一周。

现在处罚扮老虎的人可用新的“处罚条例”。什么是新“处罚条例”呢？即每窝输了都要处罚，第一窝罚表演一个节目，第二窝罚表演两个节目，以此类推，节目类型不限，唱歌、跳舞、学狗叫都行，只要让大家开心即可。

在游戏中，护抢双方都要运用智慧、开动脑筋；一方要千方百计地护住老虎蛋，尽早踢到对方的手或脚，以致获胜；另一方既要千方百计地抢光老虎蛋，又不能让老虎踢中。“出奇制胜”“异军突起”“声东击西”“敌退我进”的兵法都可以运用。

游戏规则

（1）主持人在众人当中以抽签的方式先选出一个扮老虎的人。

（2）“老虎”拿着五个台球或者石块当作老虎蛋，趴在一块平整的地上。

（3）游戏开始，众人争抢，可以围着“老虎”四周去抢。

（4）如果谁被老虎踢到了手或腿，谁就来当新一轮的老虎，游戏重新开始。

（5）如果抢光了“老虎”的第一窝蛋，停下来表演节目，然后再重新开始。

（6）如果是沿袭旧的处罚方式，一窝不处罚，那么游戏继续。

游戏要求

（1）人数不限，但不宜过多，一般控制在 5 ～ 8 人。

（2）时间不限，以 45 ～ 60 分钟为宜。

（3）场地不限，室外野外均可，一般以 20 ～ 50 平方米为宜。

（4）无须特殊要求，准备 5 ～ 10 个台球球子或石块；游戏者预先多准备几个节目。

抬轿子

游戏渊源

结婚成家是人生大事，拜天地举行婚礼乃是其中最隆重最喜庆的仪式，其热闹的场面不逊色于演一场戏文。人们回忆起当年自己举行婚礼的情景时，心里总是甜滋滋、暖洋洋的，陶醉在幸福里。少年儿童多次亲眼目睹如此场景，虽然，他们并不知晓世界上情为何物，婚礼离他们还太遥远，但是，他们向往之、憧憬之，期待有朝一日自己也会拥有这样一场隆重壮观的婚礼。由此推论，此游戏的诞生就水到渠成，并且充满传奇、浪漫的色彩。男孩为女孩准备了一顶花轿，女孩慢慢地爬上去，稳稳当当地坐着，前面有旗幡开道，唢呐助阵，前呼后拥，一气抬过去拜堂成亲……

这是一个喜庆祥和又充满着激情的娱乐游戏。

游戏说明

此游戏需由两男一女组成，两个男孩为轿和轿夫，一个女孩为坐轿人。两个男孩先各自用左手握住自己的右手腕，再各自用右手握住对方的左手腕，四手搭成方格状的轿，然后蹲下，让女孩跨坐在上面。待她坐稳，用双手搂住两男孩的脖颈儿后，两男孩站起往前走，一边走，一边齐声喊："咚嘭咚嘭新娘子抬来啦！"

接下来便举行隆重的"婚礼"。为让这场游戏玩得更加热烈一点，参与人数可适当增加，如增加一个新郎官，一个吹鼓手，一个婚礼司仪。

游戏开始前，两个男孩搭成花轿，在"娘家"待用；游戏开始，"新娘"缓缓步出，坐上花轿；主持人喊："起轿！奏乐！""吹鼓手"走在前面，一边走一边吹吹打打，"新郎官"随后，花轿紧跟其后，司仪押着花轿一起来到指定的"婚礼会场"；然后，"新娘"下花轿，主持人主持婚礼：一拜天地，二拜高堂，夫妻对拜。这是一种普通玩法，玩时不分成败和胜负，纯粹是表演类游戏。还有一种特殊玩法，抬轿比赛，参赛人分成两组，每组 3 人；比赛开始每组装轿，然后抬着走，哪组走得快，哪个组就获胜。

游戏规则

(1) 普通玩法，即为抬新娘。属于表演类游戏，没有一定法则；除了上述说明之外，可以增加新的内容，比如，举行集体婚礼，几顶花轿同时抬新娘。

(2) 特殊玩法，即抬轿比赛。一般组合，每组 3 人须为 2 男 1 女；家庭组合，家长为轿夫，子女为坐轿人。一般组合和家庭组合比赛规则相同。

请注意，抬轿比赛开始后，才能开始装轿，然后再抬着走；步到终点，主持人还要检查装轿是否正确，如果装轿不正确，取消比赛成绩；双方都不正确则重赛。

游戏要求

（1）人数不限，一般以 6 ~ 12 人为宜，抬轿比赛每组 3 人，普通组合每组须 2 男 1 女，家庭组合男女不限。

（2）普通玩法一般以 30 分钟左右为宜，特殊玩法可不作时间限制。

（3）场地不限，室内野外均可，普通玩法，以 100 ~ 300 平方米为宜；特殊玩法则以 5×30 平方米、5×50 平方米或者 5×100 平方米大小的场地为宜。

（4）无须其他道具和器材，但比赛场地须平整。

跳房子

游戏渊源

这是流传于民间极古老的游戏之一，也是人们童年时期爱玩的游戏之一，尤其深受女孩子们的欢迎。

"拾粒小石子，地上画格子，大格子、小格子，画好格子跳房子。"在孩子们的心目中，可以用彩色粉笔画出他们心中最美丽的房子：高高的烟囱飘着炊烟，铺满瓦片的屋顶站立着美丽的鸟儿，窗口还露出一张可爱女孩的脸蛋……然后，在欢快地跳跃中让每一间房子变成自己美丽的家。出生在 20 世纪六七十年代的人们，即使是现在，还依然记得那个时代的快乐，只要闭上眼，让心灵飘浮起来，就能听到女孩子们跳跃时百灵鸟般的清脆笑声，看到飞扬的发辫间闪烁的阳光。在欢快地跳跃中，那一代人慢慢长大，童年的房子永远留在记忆中的小匣子里。此游戏 20 世纪 80 年代以前非常流行，尤其是在农村地区。

这是一个适合少年儿童健身的竞技性较强的娱乐游戏。

游戏说明

此游戏并非女孩的专利，男孩子也玩得挺多。各地“跳房子”的玩法大同小异，所画房子的形状和数量则不尽相同，有六格房、九格房、宽大房、圆顶房、飞机房、梅花房等，最常见的为九格房。

游戏前，先在长约 3 米、宽约 0.5 米的游戏场地上画出九格房，1 ~ 3 格为单行间，4 ~ 5 格为双行间，6 格为单行间，7 ~ 8 格又为双行间，9 格为单行间（见下图）。准备一块拳头大小用布包裹（也可不包）的石子作为“子儿”。

玩跳房子时，如果把脚踩在线条上，或把“子儿”压在线条上，都算犯规要被罚出局，轮到再跳时从第一格跳起。

这是一个技巧性较高的游戏，不仅比技术，还要拼耐力，游戏者可以从中得到平衡性和控制能力的锻炼。

此游戏人数不限，两人、三五人都可以玩，这是单项玩法；还有团体玩法，分成两个团体，一对一地玩，以三局两胜制决出胜负。

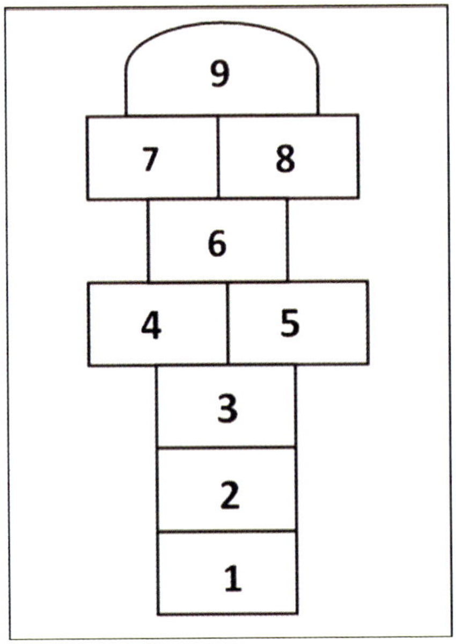

九格房

游戏规则

(1) 单项玩法。把场地画成九格（即九间房子），以抽签方式选出竞赛者的顺序。游戏时，将“子儿”抛进第一间房子，单足跳进房子，边跳边踢，让“子儿”依次通过所有的房子，然后打出界外；第一次获得成功后，将“子儿”再抛进第二间房子、第三间房子……以此类推。谁的脚或“子儿”压线、把“子儿”踢出格或越过其他房间均为犯规，轮到下一次游戏时要重新从第一间房子开始跳。谁先踢完九间房子谁就获胜，以此排定名次。

(2) 团体赛玩法。将 6 人拆成甲乙两组，用抽签的方式决定谁与谁进行一对一的比赛。一对一比赛程序与单项比赛相同，谁先踢完谁胜出；若打个平手则再加赛，可加两次，依然如此算平局；以三局两胜制决出胜负。以抽签方式选出加赛人员。

游戏要求

（1）人数不限，一般以 2 ~ 6 人为宜；单项以 2 ~ 5 人为宜，团体以两组每组 3 人为宜。

（2）时间不限。

（3）场地不限，室内野外均可，以 20 平方米为宜。

（4）除用粉笔和“子儿”之外，无须其他道具和器材。

两人三脚比走路

游戏渊源

俗语说得好:“走自己的路，让别人去说。”“两人三脚比走路”游戏还真是践行了这一说法。这是为什么?因为这游戏有意有趣，还充满浪漫情调，免不了让人指指点点，说说笑笑。如果将两人相邻的两条腿绑上，四条腿变成三条腿，走路不配合默契，就会寸步难行，即使勉强能走，也会跌跌撞撞。若想走得快，想在比赛时超越他人，获取胜利，两人必须配合默契、步调一致，还要预先练习。在 20 世纪 70 年代，孩子们走在放学的路上就常玩该游戏;有时找不到绑腿绳索，就解下两人脖子上的红领巾，绑在腿上，照样玩开。

可见此游戏在当年有多么盛行！现在在校园、企事业单位节假日里举行的趣味运动会上偶尔还能看到。此游戏老少皆宜，尤其适合生性活泼好动的少年儿童。

这是一种培养少年儿童平衡能力和团队精神的娱乐游戏。

游戏说明

一只蛤蟆四条腿，两只眼睛一张嘴；两只蛤蟆八条腿，四只眼睛两张嘴。同样，两个人也是四只脚，四只眼睛，两张嘴；但此游戏却是两人三只脚来走路，把两人毗邻的两条腿绑在一起，将四只脚变为三只脚。绑脚可用一条绳索或绑带，但绑扎的东西既不能太硬，也不能太软；硬了伤害身体又绑不牢固，软了就免不了在途中散架，总之，要以能绑扎牢固而不伤人为好。绑住脚后可先行走几步试试，或者跳几下，松了要绑紧，紧了要放松，以舒适为好。

此游戏一般以两对一组竞赛为多，场地不用太大；也可以三对以上为一组进行竞赛，场地相对来说可宽阔一些。

此游戏竞赛的距离可长可短，50 米以上，几百米以下都可以，一般按年龄和体质决定竞赛距离。

游戏时既可以走，也可以跑，还可以跳；既可以混合型竞赛，又可以单项型竞赛，还可以接力赛。

游戏规则

（1）单项竞赛。首先将人员分成两对或多对，然后把每对人相邻的脚用绳索绑住，站在起跑线上；接着进行比赛，谁先到达终点谁就胜利。单项设立有走的，也有跑的，还有蹦跳的。

（2）混合型竞赛。混合型分三种，一种是两类混合型，例如选择走和跑，或选择走和跳，或选择跑和跳；第二种是三类混合型的，例如可以自由选择，即哪种竞赛速度快就可自由选择哪种；第三种是指定类的混合型，例如指定先走、后跑、再跳，先走 50 米、后跑 50 米、再跳 50 米等。

（3）接力竞赛。例如 100 米接力竞赛，场地设计 50 米，每组两对人员分别站在始点和 50 米处，第一对人员跑到 50 米处，第二对人接着跑，哪组先跑到起点（也即终点），哪组就胜出，以此类推。

游戏要求

（1）人数不限，一般以 4 ～ 8 人为宜。

（2）时间不限，每场以 45 分钟左右为宜。

（3）场地不限，室外野外均可，两对竞赛场地以 6×50 平方米～ 6×200 平方米为宜；三对以上竞赛场地以 500 ～ 5000 平方米为宜。

（4）除了准备绳索之外，无须其他道具和器材；注意排除场地上的阻碍物等。

跳皮筋

游戏渊源

跳皮筋是我国民间最为流行的游戏，也是我国民间文化的组成部分，源远流长。相信许多人小时候都玩过，为我们的童年增添许多快乐。该游戏有着浓厚的趣味性，生活气息浓郁，简单易学，深受几代儿童的喜爱。但随着时代的变迁，“跳皮筋”渐渐被人们淡忘、甚至遗忘。现在，大部分孩子都不知道皮筋是什么，更令人遗憾的是，商场恐怕都没有皮筋可买了。

今天，让我们以新鲜、有趣的形式将“跳皮筋”这个传统的民间游戏展示给现在的孩子，让我们的孩子了解民间游戏、认识民间游戏、喜欢民间游戏。

这是一个集体育锻炼、音乐和团队精神于一体的娱乐游戏。

游戏说明

"跳皮筋"往往是一边跳动一边唱着歌谣，可促使居住在不同地方、学习成绩和表现各异的小朋友们互相认识，增加交流、增进友谊，同时对开发孩童的智力也有好处。因为，不管是单人跳，还是与同伴配合集体跳，都需要具有一定的观察、判断和思考能力，这样在跳时才能协调一致，不断增加技能，并在玩的过程中获得美好的体验。"跳皮筋"可以促进儿童身体正常发育，不仅女孩子可以跳，男孩子也可以跳；其实，成年人和老年人都可以跳，因为跳皮筋对锻炼身体的柔韧性和协调性、提高速度和跳跃能力都有一定的作用。

"跳皮筋"是在两脚交替跑跳中完成各种动作的全身运动，它以跳跃为主，穿插着点、迈、勾、跳、踩、踢、绊、搅、盘、摆、顶等动作，同时可组合出十几个花样。运动时，由两个人分持皮筋的两端，牵直固定，参与者要在皮筋上来回跳动。皮筋的高度大致分为三种：第一种，两臂自然垂直拉住皮筋；第二种，将皮筋举至与肩齐平；第三种，用一条臂上举拉住皮筋。当然还可以设多种，从低到高，例如：从踝、膝、臀、腰、肩、首，到举过头顶。跳皮筋有单人跳与集体跳两种。单人跳由两人拉着一条皮筋，在皮筋中间由单人或多人依次轮流跳；集体跳是将皮筋拉成各种形状，如三角形、四方形、五角形、多边形等，由多人同时参加，以各种技巧动作编排出组合动作，配合歌谣跳出各种花式图案。

集体跳全靠技巧，较为复杂，难度比较大，不宜普及；但如果在练习上多下工夫，再加上多思考、多推敲，必定熟能生巧。

游戏规则

(1) 单人跳。可以设置 3 ~ 6 种高度，由低到高跳皮筋。游戏开始前，以抽签的方式决出参赛者顺序，由最后出赛的两个人拉皮筋；轮流从低级向高级跳，一次性全部跳过者获胜，成绩相同者加赛一次，赛时增加高度，以此排定名次；每人宜跳三次，在哪一级跳不过，下次轮流时再从那一级开始跳，三次跳不过的取消跳的资格，但保留其成绩；跳皮筋不能用手拉而要用脚去勾；否则判犯规，三次犯规则取消资格，但保留其成绩。

(2) 集体跳。将所有参赛者分 n 组；游戏开始前，每组指派两人作为拉皮筋者；集体的成绩是个人成绩的总和，个人比赛规则同“单人跳”。但不同的是，个人跳时可连续跳三次，集体跳则跳一次并计算组总成绩；哪个组总成绩最好，哪个组就获胜，以此排定名次。

游戏要求

(1) 人数不限，一般以 3 ~ 15 人为宜。

(2) 时间不限。

(3) 场地不限，室内野外均可，大小视情况而定，一般以 15 ~ 30 平方米为宜。

(4) 除皮筋以外，无须其他任何道具与器材。

舟山游艺

舟山群島

传统渔家游艺集萃

第二章

个人技艺

踢毽子

游戏渊源

“鸡毛飞上天”，毽子踢得有多远，鸡毛飞得就有多高。这游戏又叫“打鸡”，源于汉代，盛行于南北朝与隋唐，迄今已有两千多年的历史，是民间传统游戏项目之一，深受少年儿童尤其是女孩子的喜爱。到了清朝，人们踢毽子的技艺已经相当娴熟。清初词人陈维崧曾赞美女子踢毽子比踢足球还巧妙，比下棋还有趣。

20 世纪初，许多欧美体育竞技项目传入我国，但踢毽子仍然为我国青少年所喜爱的体育项目，北京、上海、福建、浙江、江苏等省、市都曾举行过踢毽子比赛。在 1935 年中国第六届全国运动会上，就曾把踢毽子运动列为国术项目。现在回想起来，笔者也不禁心底痒痒，仿佛一下子回到童年时代。

这是一种男女老少皆宜的娱乐游戏。

游戏说明

毽子虽小，娱乐和艺术功能俱全，魅力十足。这个游戏的活动量可自由控制，它可以锻炼下肢、腰腹部，提高下肢的柔韧性，锻炼身体的协调性、灵活性和平衡能力。特别是在课间玩耍，可以消除大脑的疲劳，继续精神饱满地上课学习。踢毽子还可防治“亚健康”。踢毽子时大脑皮层势必建立起新的兴奋联系，转换日常工作和学习的思维，“换换脑子”，这对于调节高级神经活动、化解心理压力十分有益。玩毽子要求心到、眼到、脚到，反应要灵敏，动作要迅捷，相互配合要心领神会；很多人把踢毽子叫作“走毽儿”，大家围在一起，飞舞的毽子牵动着所有人的眼球，调动着所有人的积极性，激发着所有人的团结进取精神。

游戏前首先要制作一个毽子，有传统和现代的制法。传统的做法，即用两到三枚铜钱为底座，再用鸡毛做毽羽，可用一竹筷芯钉死，不脱毛就行。现代的做法有三种（都以金属片为底）：第一种，以纸剪成各种花色缀的纸毽；第二种，以各种色布为缨，以大组扣为底做的布毽；第三种，以塑料做的各种花毽。

这个游戏玩法多样，但主要有以下几种：(1) 盘，用左右脚内侧交踢；(2) 蹦，用脚尖踢；(3) 拐，用脚背外侧反踢；(4) 打，用左右后脚跟踢；(5) 磕，用膝盖顶。

这些动作连起来踢就叫“套路”，玩套路谁要是玩得一气呵成，谁就胜出；不连起来单个来踢，叫“单项踢”，单项动作以记数来判断胜负。

游戏规则

1. 单人赛

（1）套路赛。即用抽签的方式选出比赛人员的顺序，每人做一套动作，谁先做完谁先胜出，排定名次；途中落败者，轮到下次再重新开始。

（2）单项赛。首先要选定哪几个单项踢法，可选全部，或选其中几项，然后用抽签的方式选出比赛人员的顺序，以每人踢的次数多少判定胜负。

2. 集体赛

也可分为两种玩法：一种按个人技术高低分组，以总踢次数来判定输赢。另一种是团踢，即一群人共踢一个毽子，当毽子落到谁面前，谁就可以选择任意踢法并将毽子复踢给任何人，毽子在谁面前掉落在地即谁为输，记负分。

游戏要求

（1）人数不限，一般以 2 ～ 10 人为宜。

（2）时间不限，一般以 60 分钟左右为宜。

（3）场地不限，室内室外均可，以人数来决定场地大小，场地须平整，无障碍物。

（4）除毽子外，无须其他道具和器材。

滚铁环

游戏渊源

这个游戏在 20 世纪六七十年代流行于全国各地。铁环是那个年代男孩子炫耀的宝物，拥有铁环如同现代孩子拥有滑板一样，引以为豪，非常风光。他们用铁钩推动铁环向前滚动，以铁钩控制铁环的方向，称其为“车把”，可直行，可拐弯。滚铁环的动作有一定的难度，需要一定的技术。技术好的孩子一路可以绕过各种障碍，把铁环从家里一直滚到学校，别的孩子只有羡慕的份儿。那时经常可见一群背着书包满脸脏兮兮的男孩子，手里拿着铁钩，推动着铁环奔跑在马路上，哗啦哗啦地响成一片。滚铁环是一个深受少年儿童喜爱的体育性游戏项目，自娱性很强，还可以锻炼人的协调性和平衡能力。

随着时代的变迁，生活内容渐渐丰富，尤其是机动车的日益增多，滚铁环的活动受到一定限制，这项有着悠久历史和广泛群众基础的活动，日渐被冷落。从拓宽体育游戏项目范畴、宏扬民族传统体育游戏文化、发掘具有地区特色体育游戏项目、锻炼学生体质的目标出发，可以鼓励少年儿童参加校园内的滚铁环活动，或在加强安全管理的前提下，组织他们在校园外的小路上滚铁环。

这是一种有益身心健康、颇具传统特色的娱乐游戏。

游戏说明

若想玩好这游戏，需要有一只好的铁环。通常铁环的制作是用一根粗钢筋，弯成一个直径 40 厘米的圆圈，然后再用一个带钩的铁棒作“车把”。滚铁环时，用铁钩钩住铁环，推动铁环向前滚动。大小不一的铁环靠着一根铁钩推动着前进，谁要落下谁就输了。比谁快时，几个人同时出发，滚着铁环往前跑，快者为胜；比谁慢时，停在原地不动，必须保持铁环不倒，谁的时间持久谁胜。

滚铁环是一门技术活儿，但熟能生巧。初玩时可先将铁环往前滚动，然后拿着“车把”赶快推着朝前走，不倒就行。从前，路上车辆稀少，在马路上滚铁环其乐无穷，不仅能避免路线的单调，而且还能加快速度，推出花样。有技术好的，单手拿铁钩将铁环往前一送，铁环就乖乖地滚动起来；滚在路上也能随时“刹车”“停车”，即把铁环斜靠在“车把”上。技术高超的男孩想滚时弯钩轻轻地起动就行了，累了则用铁钩钩住铁环往背上一扛，那姿势潇洒，一点不比现代剧中那些港星、韩星逊色！

铁环可以滚出各种各样的花样来，主要可设计三种：100 米竞速、100 米障碍，4×100 米接力。

游戏规则

1. 比赛方式

(1) 竞速赛。为了保证比赛的顺利进行，每组参赛人员不得超过 4 人，每个跑道尽量加宽。

(2) 障碍赛。此类比赛以穿越场地内设置的障碍而得名。一般可设置三段障碍，比赛由蛇行跑、过独木桥、走小道三部分组成。起跑后 20 米处开始蛇行跑，即每隔 5 米插一根竹竿，一共 5 根。第五根竿与独木桥的距离 20 米，桥与小道距离为 15 米。桥的制造设计：全长 20 米，高 30 厘米，宽 30 厘米，木料制成。小道的制造设计：用木板制成，15 厘米宽、5 米长，安置在 100 米场地的最后部分。

(3) 接力赛。接力赛为 4×100 米，接力区为 10 米，安排如下：第一接力区为 95 ~ 105 米，第二接力区为 195 ~ 205 米；第三接力区为 295 ~ 305 米。

2. 比赛办法

个人项目要求铁环不出跑道，顺利通过，不影响他人，必须在铁环不失控的情况下比速度；以枪响为准开始计时，以人与环最后通过终点停止计时。

(1) 出现下列情况可以继续参加比赛：起跑后或滚环过程中，环倒地，但未影响他人；各种障碍没有顺利通过，但环没出跑道，可重滚环过障碍；环离开跑道倒地，在不影响他人的前提下，可在跑道出环点起步，继续参加比赛。

（2）下列情况下取消比赛资格：倒环两次；环滚出跑道，又影响他人；未能完成障碍者；铁环失控（即环与铁钩脱离 30 厘米以上）；未在接力区完成传环任务；传环运动员帮助或协助接环运动员前进。

游戏要求

（1）人数不限，一般以 2 ～ 8 人为宜。

（2）每场时间不限，竞速和接力计时，障碍可计时，也可不计时，以谁先到达终点为胜。

（3）场地不限，室外野外均可；具体要求参见游戏规则。

（4）道具与器材参考游戏规则。

打菱角

游戏渊源

提起童年时玩的“打菱角”游戏，对于 20 世纪六七十年代出生的人来说，个个都如数家珍：如那种大家一起抛下“菱角”去转动，比谁的“菱角”转得时间久的玩法，那种吃“菱角肉”的玩法……游戏的好玩、有趣、刺激，总让他们激动万分；对于这个游戏，人人都能滔滔不绝地说出一大堆：如何制作“菱角”，如何让“菱角”转动得更快，如何吃“菱角肉”，如何让人家的“菱角”惨不忍睹，等等。但对没玩过该游戏的人来说，则不知“菱角”为何物了，因此有人常常将打“菱角”与打陀螺混为一谈，其实这两者之间大相径庭。

"菱角"不是陀螺，"菱角"与陀螺之间的差别在于，陀螺是上大下小，呈倒圆锥形，而"菱角"是两个圆锥形相拼而成，且上下尖端大小不同，因似两个圆锥相拼成菱形而得名"菱角"。

"打菱角"游戏源起于哪朝哪代，距今有多少年的历史一概不知。只知道 20 世纪 70 年代前，舟山群岛的男孩子们都很喜欢玩这种游戏。但现在几乎看不见有卖"菱角"的地方，更看不到有"打菱角"的少年了。

这是个培养、锻炼和提高少年儿童动手、目测和判断能力的娱乐游戏。

游戏说明

一般玩游戏用的"菱角"都是孩子们自己制作的。制作"菱角"要用质地比较硬的木头，最好不用松木和杉木，木质太松软，"菱角"容易打坏。锯一段长约 12 厘米、直径约 8 厘米的圆柱；削成两头小中间大的菱形，上部的顶端要大一点，形成一个"木奶头"，下部的小头正中则钉入一枚尖尖的铁铆钉，就像上下覆合的棱锥形玩具。

"打菱角"还需要用一根粗细适当的绳子。绳子的长度可这样丈量：把绳子从"菱角"的顶端一圈一圈平整而紧密地绕到中间最粗处，这就是绳子需要的长度。在绳子的终端打一个结，系上铜钱之类，用无名指和小指把绳结上的铜钱夹在手中，然后把"菱角"翻转过去，若线绳为顺时针缠绕，则有铁铆钉的小头朝上（若线绳为逆时针缠绕，则有铁铆钉的小头朝下），用力向地上抛掷出去，即为"打下去"；夹在手中的绳子一端仍要掌握在手中，同时往上提拉，如果抛掷得当，"菱角"随着绳子一圈圈松开，落在地上就会快速地转动起来。

"打菱角"要有一定的技术，但也不难学，熟能生巧。技术佳的孩子，能将在地上快速转动的"菱角"，用手像铲子一样一下子铲到手心上转动。

这游戏也有不同玩法，最普遍的有两种：一种是个人技艺赛，即看谁的“菱角”在地上和在手心转得时间长；另一种是集体玩法（即吃“菱角肉”），又分群体玩法和分组玩法两类。

游戏规则

1. 个人技艺赛

(1) 落地转动。参赛者必须自备“菱角”，绕好绳子准备游戏，当比赛主持人喊“预备”时，将“菱角”高举过头顶，主持人喊“开始”时才能打下去。谁的“菱角”在地上转动时间长，谁就胜出，以此排定名次。也可计分，时间转得最长的记 5 分，其他依次计为 3 分、1 分等，比赛可进行 3 ~ 5 次，以总分数决出名次。

(2) 手心转动。竞赛规则与“落地转动”玩法相同，但要注意，“菱角”在落地转动后，什么时候铲到手心转动由参赛者决定，看谁的“菱角”在手心上转得时间长。

2. 集体玩法

(1) 群体玩法。在场中心画一个小圆圈，作为“牢房”，先来一次集体比赛，谁最落后谁先进“牢房”被吃，然后用抽签的办法决出先后，轮流向那只被吃的“菱角”打击；如果哪只“菱角”打在地上不会转，或打进“牢房”里出不来，那么这只“菱角”就替代原来的被吃“菱角肉”；谁的“菱角”被吃次数最多，谁就落败。

(2)分组玩法。将参加人员分对等的两组，在地上画一圆圈作为“牢房”，将两组最落后者的两只“菱角”放进去，然后开始打击和挽救。打击规则与“群体玩法”类同，但不是替代而是“坐牢房”让对方吃，如果被自己方误打则不犯规。有三种“挽救”方式，一是把己方从“牢房”里打出来，二是将己方从“牢房”里弹出来，三是铲到手心把己方成员“菱角”弹出来；如果误救对方，也算成立；打在“牢房”里转动的菱角，对方可用手摁住它，关入“牢房”。哪组被吃的人次多哪组就输掉，另一组胜出。

游戏要求

(1) 人数不限，一般以 2 ~ 10 人为宜；3 ~ 5 人一组为宜。

(2) 个人技艺不计时；集体玩法以 60 分钟一场为宜。

(3) 场地不限，室外和野外均可，一般以 20 ~ 100 平方米为宜。

(4) 除自备“菱角”外，无须其他道具和器材。

打陀螺

游戏渊源

玩此游戏会发出清脆悦耳的鞭打声和陀螺转动的呼呼声，使人怦然心动，跃跃欲试。以前的孩童，书包里通常都会藏有陀螺和抽打的鞭子，以便在放学和课间能玩上几把。经过时代变迁，岁月打磨，如今在乡镇和城区的公园处，偶尔还能看到老年人玩此游戏。

此游戏是民间传统项目之一，历史悠久，源远流长，不仅好玩，而且有着深刻的文化背景和内涵。北京人把这游戏叫打“猴”，又叫打“汉奸”，上海人和舟山人把这游戏叫打“贼骨头”，杭州一带则称这游戏为打“秦桧”。云南南部彝族地区把正月十六定为陀螺节，举行陀螺比赛，赛前还要举行祭祀陀螺活动（即将本队最后压阵的陀螺倒放在地上，让参赛队员轮流抽打）。这游戏既可以锻炼身体，提高目测和判断能力，又可以进行爱国主义教育，让孩子们不忘历史、不忘国耻，珍惜今天来之不易的幸福生活。

这是一个既有利于少年儿童身心健康，又有重大教育意义的娱乐游戏，此游戏同样适合于成年人，可谓老少皆宜。

游戏说明

制作陀螺要选用质地坚硬的木材，制成圆锥形，锥部镶嵌小钢珠，或钉上小铁钉；一般陀螺高 6 厘米左右，直径 4 厘米左右，顶部平整，圆锥体外可涂上颜色。陀螺大的重一千克左右，小的重二两许，儿童玩的陀螺一般小巧精致。另外还得备下一条鞭子。玩时先用鞭子上的绳子在陀螺的锥体部位绕上圈圈，要绕得紧密，越紧越好，然后用拇指按住陀螺上部平顶，其余指头卡、托住陀螺下端，另一只手将鞭子抽动，使陀螺旋转起来；也可以不用鞭子，用双手使其旋转起来，然后用鞭子抽。

此游戏有多种玩法，主要有两类，一是个人技艺；二是集体技艺。个人技艺又可分两种，一是普通旋打，二是沿线旋打；集体技艺其实也是个人技艺的演变。

游戏规则

1. 个人技艺

(1) 普通旋打。参赛者各自备好陀螺和鞭子，在裁判员发令前做好箍绳的准备，待发出口令后抽转落地，以转动时间长者为胜。

(2) 沿线技艺。参赛者各自备下陀螺和鞭子，在地上各画一条 1 厘米宽 10 米长的线，裁判员发令前做好箍绳准备，在发出口令时即刻抽转落地，沿着这条线来回抽转，出线者为输，以沿线转动的时间长者为胜。

2. 集体技艺

(1) 普通旋打。比赛由甲、乙两队各出一人为一赛组，二人等裁判员发出口令后将陀螺抽转落地，以抽转的时间长者为胜；甲、乙两队以累计获胜次数多者为胜方。

(2) 沿线技艺。比赛由甲、乙两队各出一人为一赛组，比赛的二人等裁判员发出口令后将陀螺抽转落地，沿着直线来回抽转，出线者为输，以沿线抽转的时间长者为胜；甲、乙两队以累计获胜次数多者为胜方。

游戏要求

(1) 人数不限，一般以 2 ~ 8 人为宜。

(2) 沿线技艺以 45 分钟为宜。

(3) 场地不限，室内野外均可，大小因人员因地段而定，一般以 30 ~ 150 平方米为宜，清除障碍物等，场地须平整。

(4) 除陀螺、螺鞭和粉笔（画线用）外，无须其他道具和器材。

斗鸡

游戏渊源

20世纪六七十年代出生的人对这游戏不会陌生，他们童年时此游戏十分流行，如今虽消失于视野之中，可童年玩“斗鸡”时的那份热闹有趣的场景却深深地烙在脑海中。此游戏简单易行，不需任何道具器材，对场地的要求也非常低，只要能把一条腿抱起来单腿蹦跳，攻击对方，就可以玩耍，深受少年儿童的喜爱。

此游戏的起源虽无严格考证，但流行的两种说法，都可追溯到几千年前的秦汉年间。一是“蚩尤戏”之说，据《述异记》所载：“秦汉间，蚩尤氏耳鬓如剑戟，头有角，与轩辕斗，以角抵人，人不能向。今冀州有乐，名‘蚩尤戏’，其民两两三三，头戴牛角而相抵。”可见“蚩尤戏”为流行于古代北方农村的一种民间角力竞技活动，带有纪念黄帝战乱蚩尤、逐鹿中原之意。二是秦始皇统一中国后，禁止民间私藏兵器，作为徒手相搏的角抵因此而兴起。《史记·李斯列传》记载，二世在甘泉宫“方作角抵徘徊之观”，说明这时的角抵是包括各种技艺的综合性竞技表演。到了汉代，民间出现了一种由“蚩尤戏”发展而来、由两个人在公开场合表演的竞技活动。许多资料还表明，“蚩尤戏”既是中国戏曲的雏形，也是中国杂技、武术的雏形，或者说它几乎是各种民间体育运动的起源。“斗鸡”游戏正是基于这样一种运动形式，由“蚩尤戏”衍化而来，在民间以儿童游玩为主的古老的游戏形式。

这个具有悠久文化底蕴和民间传统的游戏，不仅能锻炼少年儿童的腿部力量，增强他们的体质，培养他们的集体意识和意志力，而且还能宣传一种积极、向上、拼搏、刚毅的民族精神。

这是一种锻炼体质和斗志，寓教于乐的游戏。

游戏说明

此游戏玩时必须单腿立地，另一脚用双手扳成三角状，膝盖朝外形成一种“武器”，整个造型酷似“金鸡独立”。然后用这个“武器”进攻对方，将对方斗得腿手分离就算赢了，故称“斗鸡”。

“斗鸡”看似简单，其实技巧多样，奥妙无穷。不仅要有相当好的体力和腿部力量，还要灵活运用腾、挪、闪、躲等技巧，斗智斗勇。高手玩时往往以静制动、声东击西，能巧妙地躲过猛烈的进攻，并顺利将对方击倒。归纳起来斗法主要有三种：一是拱顶法，二是猛压法，三是突袭法。个子稍矮的相对处于劣势，可用“拱顶法”，即从下部往上拱顶对方，将对方顶倒；个子较高的游戏者处于相对优势，可用“猛压法”，即从上往下猛压对方，将对方压垮；当然，不管身体条件如何，游戏者都可以采用“突袭法”，即趁对方不备转到其背后，冷不丁将对方顶倒。

这游戏有多种玩法，主要推荐两种：一种是单打独斗，也可以摆擂台；另一种是分组群斗。

游戏规则

1. 单打独斗

(1) 单斗。每场三局，三局两胜制，一攻一守，以抽签方式决出谁为守、谁为攻。先抽到者为一、三局攻，后抽到者为二局攻；每局 3 分钟，中间休息 2 分钟。将对方击得手腿分离以致脚落地者为赢，手腿虽分离但脚仍未落地可继续进行；用手拉对方者或脚踩到场外者为犯规，一局连续犯规三次者为输；打成平局以犯规少者获胜。

(2) 争夺名次。与上述单斗相同，并可参照乒乓球冠亚军争夺赛的规则。

(3) 擂台赛。每场一局制，先用抽签方式选出两人打，胜者守擂，一直打下去，最后决出擂主。每场时间不限，将对方打败为止。

2. 分组群斗

首先将人员分成两组，每组选出一位“大王”，划分一个主战场和各组的“地盘”，比赛开始时两组人员都从自己的“地盘”出来战斗，“战死”者退场，不能再次进入自己组的“地盘”；每组的“大王”可以先斗，也可中途出战，或者最后出局，还可途中跑回“地盘”休息，总之有自由随意的特权，但待成员都“战死”了，“大王”必须出场。“擒贼先擒王”，每场如果哪组的大王“战死”则为输。在规定的时间里，一组死亡人员多者为输，

游戏要求

少者为赢。可以一场一局制，也可以一场三局制。

（1）人数不限，一般以 2 ～ 10 人为宜，分组的每组以 4 ～ 5 人为宜。

（2）单斗的每场时间不限，每局时间为 3 分钟；擂台赛每场休息时间为 3 分钟；分组群斗每场（局）时间以 20 分钟为宜。

（3）场地不限，室内野外均可。一般以 50 ～ 60 平方米为宜，主战场由边长 6 米的正方形构成，主战场左右两侧分别画两个长 2 米、宽 1.5 米的长方形区域为各自“地盘”。场地必须清除障碍保持平整。

（4）用粉笔或石灰划分场地，每人须备一只护膝套。

花色跳绳

游戏渊源

这游戏由来已久，盛行于清代。旧时北京民间娱乐活动中的跳绳被称为“跳百索”，济南府《府志》记载：“每年孟春正月元旦……儿女跳绳为戏，名曰‘跳百索’。”《松风阁诗抄》中也有记载：“白光如轮舞索童，一童舞索一童唱，一童跳入光轮中。”当时，这种跳绳加伴唱的游戏娱乐性很强，尤为少年儿童所喜爱。令人欣慰的是，这游戏没有因时代变迁和岁月洗磨而消失，现在我们依然能够看见。

这是一种简单易行、老幼皆宜、尤其适合少年儿童、有利于身心健康的娱乐游戏。

游戏说明

跳绳热量消耗大，可谓是一项健美运动，对心肺系统和肢体协调性的锻炼都有相当大的帮助。平握绳对拇指穴位的刺激，会大大增加脑细胞的活力，提高思维和想象力，因此跳绳也是健脑的最佳选择。

此游戏对儿童身心健康和智力发展有许多好处：它促进儿童健康发展，加快肠胃蠕动和血液循环，促进机体新陈代谢，有利于儿童的健康成长；儿童边跳绳边数数，大脑皮层处于兴奋状态，有助于把抽象的数字与实际事物联系起来，将抽象的记忆转化为形象记忆，促使儿童智力和应变能力的协调发展；跳绳时身体左右都在运动，有助于儿童左右半脑的平衡、协调发展；还可以培养儿童的节奏感，帮助儿童树立方位感。集体混合跳绳还能够使儿童自觉地培养组织纪律性、团队协作和集体主义精神。

跳绳游戏看似简单，只要抡起绳子来跳就可以了，其实却需要手脚协调，如果配合不好，会踩住绳子，若想跳好也是不易的，要循序渐进地学。

跳绳时，摆绳与脚踏动作要一致，一甩可一跳、二跳或三跳，也可编成花样等动作跳。

跳绳分短绳跳和长绳跳。短绳可以单人跳和双人跳；长绳则为多人跳，也可单人跳和双人跳，且还要由两人手执长绳两端甩动。

跳绳的方法有多种：有单脚跳，有单脚换跳，有双脚并跳，有双脚空中前后或左右分跳(也叫飞跳)，有双臂交叉跳和花样跳等。以上是顺着跳，即把绳子往身前甩动，还有一种是逆着跳，即把绳子往身后甩动。逆着跳的速度自然要比顺着跳慢多了，跳的难度也会增加。逆着跳和顺着跳的跳法基本相同。

这游戏玩法主要有个人技艺、双人技艺和混合技艺。个人技艺赛有耐力赛、单跳赛等；双人技艺赛有双人耐力赛、双人单跳赛；混合技艺赛，即为集体分组赛。

游戏规则

1. 个人技艺赛

(1) 个人耐力赛。各参赛人员站在赛点，当主持人下令后开始跳，跳法可选任何一种或几种轮流；最后一名停顿者为胜，以此类推，决出名次。

(2) 个人单跳赛。个人单跳赛分为单脚跳、单脚换跳和双脚并跳。这三种跳法，无论哪种游戏规则相同，即各参赛人员站在赛点，当主持人下令后开始跳，同时开始记数，甩绳过脚记为一，跳的总数多者为赢，以此类推，决出名次。

2. 双人跳技艺赛

(1) 双人耐力赛。规则与个人耐力赛同。

(2) 双人单脚跳。规则与个人单跳赛同。

3. 混合技艺赛

首先选出一名裁判员，并抽签将所有参赛人员分成三组，每组推选一名负责人；然后进行单人跳、双人跳、混合跳三个环节比赛，最后以每队在三个环节中所得总分来排定名次。

(1) 单人跳。队员在一定范围内跳，若超出界线则视为无效；每组队员依次跳 15 个，最先完成的组积 5 分，第二名积 3 分，第三名积 1 分；在 15 分钟内仍未完成的组，视为弃权，积分为 0；裁判员发信号之前，参赛者不得擅自动作，否则视为无效；比赛过程中，腾空一次时绳过一次计数为一。

(2) 双人跳。每组分为两人一小组，在指定范围内两人同时跳，若超过界线，则视为无效；每队限跳 5 个，规则同单人跳；15 分钟内仍未完成的组，视为弃权，积为 0 分；在裁判员发出信号之前，参赛者不得擅自动作，否则视为无效；比赛过程中绳过两人脚计数为一。

(3) 混跳。每组推选两人甩绳，其余依次跳入绳圈，每人在绳圈内跳一下后跑出，然后围甩绳者转一圈后再跳入，行进轨迹形成“∞”字；每组所有队员完成一个“∞”字，记为一次；混跳限时为 15 分钟，以每组在限定的时间内跳的次数多少积分，第一名积 5 分，第二名积 3 分，第三名积 1 分。

游戏要求

(1) 人数不限，一般以 2 ～ 24 人为宜。

(2) 时间不限，混合赛时间因地制宜、因人而定。

(3) 场地不限，可大可小，室内野外均可，一般 30 ～ 250 平方米为宜；要求平整，清除障碍物。

(4) 单人赛准备短绳若干；混合赛准备长绳若干。

拆（拾）子

游戏渊源

此游戏的由来无法考证，我们曾经走访了舟山群岛的许多地方、询问了许多人、查阅了许多资料，结果仍然一无所获。但是，每当我们提到此游戏，许多中老年人都说玩过，并能说出一两种玩法，尤其是中老年女性对此游戏的印象十分深刻。此游戏称“拆子”实为舟山群岛的方言，其他方言区中一般称为“拾子”，又叫“抓子”。玩的人先将一颗“子”向上抛出，让这颗“子”呈自由落体状态，然后迅速地将地面上的“子”拾起来，同时还要将抛上去的“子”接住而不能让它落到地上。此游戏玩法多样，乐趣无穷，深受少年儿童的喜爱。

这是一种培养和锻炼少年儿童动手能力、反应能力和判断能力的娱乐游戏。

游戏说明

此游戏的玩法可分两大类：第一种是拾子，第二种是翻骨牌。拾子的玩法又可分为抓子、飞子和怀子；翻骨牌是拾子的变种，即把地上的子改为骨牌，要在子抛向空中时，将下面的骨牌翻出各种花样，如将骨牌翻个面，将骨牌横立或竖起。“子”可分为抛子和非抛子，它们可以是共同的，也可以分开来：用一般的石子粗略加工便可，有的还用棉布缝制的小沙袋代替，舟山的一些海岛也有用贝壳和海螺壳代替的；也有专门的抛子，一般比非抛子略微大些，或者用布包裹起来。

此游戏入门迅速，但要熟练掌握好它的要领却非易事，关键是眼要准、手要狠。抛子上去又落下来只有一眨眼工夫，要在短时间内完成在地面(或桌面上）拾子（翻牌）和空中抛子、抓子等动作非常不易，因此，必须练成高超娴熟的技巧才行。例如怀子的玩法，先要把七颗子撒开，然后用拇指和食指拈一颗作抛子，余下六颗分三次拾完，每次拾两颗；但每次拾时不能碰其他的子，要是碰到了就算犯规；第一次拾时比较容易，因为手是空的；第二次难度增加，最难的是第三次，难就难在手心里已经有许多子却还要再去拾！易拾与难拾的程度要看撒出去子的位置，如果撒成三堆最容易；撒成“321”布局也还行；如果撒成“411”布局就费事了；撒得散而无规律则是最难收拾的局面。

游戏规则

1. 抓子

(1) 散抓。两人为一组，玩时选好石子，一般 20 ~ 30 颗，用抽签的方式决定顺序。先由一人双手捧子抛出后自然落地，然后玩者用手去抓，抓到一颗抛子，接着就可以拾了。每次抛子后就抓子，抓到多少算多少，但必须两颗以上，否则无效；剩下的子由同组人接着拾，两人抓数之和为成绩；抓得最多的组胜出。

(2) 抓五子。玩时有五颗子，有的叫抓七，玩时有七颗；五颗还是七颗可视情况而定。抓一：先用单手将五子抛开，由对方指定一颗为抛子，将该子向上抛去，同时将地上一子拾起，拾起后接着再抛子，每次只能拾一子，将拾起的子放在一边；每次同时抓起两子为抓二；每次同时抓起三子为抓三；玩完抓一，玩抓二、抓三，谁先完成谁为赢。

2. 飞子

方法同抓五子，但不同的是抛子的规则，第二次所抛的子必须是第一次拾到的子，以此类推，直到抓完为止，此为飞一；飞二、飞三，抛子仍为一颗。

3. 怀子

方法同抓子，只是每次拾起的子不能放下，要拿在手里再去抛子和拾子；可分怀二、怀三。

4. 翻骨牌

翻骨牌方法基本同抓子，只是将非抛子改为骨牌，骨牌以 4 ~ 6 只为妥，也可以将它当作抓子来玩，一般有以下几种玩法。

(1) 翻反。即将骨牌和抛子撒在地上，抓起抛子向上抛，与此同时把骨牌翻个面，然后接住抛子；每次翻一只为翻一，每次翻两只为翻二，每次翻三只为翻三；若骨牌未翻转则为失败，轮到下次再重新开始；以谁先完成为胜。

（2）翻横。方法同翻反，只是把骨牌翻成横立，每次翻一只为翻一，以此类推。

（3）翻竖。方法同翻反，只是把骨牌翻成竖立，每次翻一只为翻一，以此类推。

（4）混合翻。用翻一的方法依次翻反翻横翻竖（牌数为三）；也可以用翻二的方法依次来翻（牌数为六）。

易难的程度可根据年龄分等级来进行。

游戏要求

（1）人数不限，一般以 2 ~ 6 人为宜。

（2）时间不限，每场时间不作具体规定，按参与人数决定。

（3）场地不限，室内野外均可，大小以桌子面积为宜；平地也行，一般为 2 ~ 6 平方米。

（4）抛子和非抛子若干，桌子一两张。

拍皮球

游戏渊源

玩这个游戏时，传唱着这样一则童谣：小皮球下乡来，落地开花二十一、二五六、二五七、二九三十一……由此可见，乡村拍皮球的游戏可能来源于城市，而城市的这个游戏又是从哪里来的呢？是从西洋引进的，还是自古就有？其渊源已无法考证，兴许两者皆有之。在孩子们拥有的各种各样的玩具中，球类玩具有着很强的娱乐性、大众性，因此许多孩子对它情有独钟。皮球最为经典，拍皮球更是大多数少年儿童热衷的游戏，兴许它简单易学，一直以来都极为流行。拍皮球既是一项体育竞技，又是一个锻炼幼童协调能力、反应速度和灵活性的娱乐游戏。

游戏说明

有专家经过调研，称这游戏胜过弹钢琴。从促进幼童身心发育角度看，这游戏确实一点也不逊色于弹钢琴。许多家长都有这样的经验：在孩子弹出优美动听的曲调之前，往往经历没完没了的练习，这会让孩子感觉枯燥无味；如果家长再引导不得当，弹钢琴就会成为一件苦不堪言的事情，久而久之，可能导致对音乐感觉力的下降。拍皮球就不一样了，自然充满音乐的元素，皮球落在不同的地方就有不同的声音，随着落地高度和速度的改变，与地面撞击时发出的声音和节奏也会改变。孩子们拍到皮球会欣喜，没拍到可能会沮丧；与别人比赛赢了会自豪，输了也会难过；如果别人笑话他则更加难为情，这许许多多的可能性带给孩子们的情感体验十分丰富，无疑有助于他们更好地理解音乐的内涵，体会丰富的社会关系。同时十指拍握、曲伸的练习，又对大脑发育有好处；还能锻炼全身，帮助孩子理解数量以及前后左右、远近高低等空间概念；左右手交换拍球更能促进左右脑均衡发展，提高手眼协调性和肢体动作敏捷性，培养孩子的专注力。

孩子们选择自己喜欢的玩具，家长们千万不要忽视那些简简单单就能让他们拥有快乐的游戏，所以让我们一起与孩子们快乐地拍皮球吧！

拍皮球游戏可分为个人实力赛、拍走比赛、接力赛等。

游戏规则

1. 个人实力赛

(1) 单手拍。一组若干人手拿皮球站在各自位置上做准备，当主持人下令开始时即开始拍；当拍下的球跳起来时记数为一，以此类推；指定专人为每个参赛者记数；谁拍的最多谁胜出；依此排定名次。

(2) 双手拍。比赛程序与单手拍相同，只是记数方式不同，左右手各拍一下记为一，以此类推。

（3）跨拍。比赛程序与单手拍相同，记数方式不同。拍下的球再用一脚跨过去记数为一，没跨过去为失败，记数为零。

2. 拍走比赛

（1）30 米拍走比赛。若干人组成的一队站在各自的跑道上，主持人下令开始即开拍，要求一边拍球一边前进，走或跑都可以，如果是拿着球走或跑就算犯规，退出比赛；谁先拍到终点谁就胜出；依此排定名次，也可以计时决定名次。

（2）50 米拍走比赛。程序与 30 米拍走比赛相同，只是拍走的距离增加了。

3. 4×50 米接力赛

分成若干组，每组 4 人，在起点和终点各有 2 人；主持人下令开始时一人开拍，拍走到 50 米处，另一人接着拍走，直到第 4 个人拍走回到原点（终点）为止，一轮游戏算结束；哪个组先到终点哪个组就胜出，依此排定名次；也可以计时决定名次。

游戏要求

（1）人数不限，一般 2 ～ 20 人；每组 2 ～ 4 人。

（2）时间不限。

（3）场地不限，室内野外均可，一般在校园里的操场上进行，个人实力赛为 50 ～ 500 平方米；拍走跑道宽度 8 ～ 10 米。

（4）中小皮球若干。

骑竹马

游戏渊源

此游戏不禁让我们想起“青梅竹马”这一成语。“青梅竹马”出于李白《长干行》一诗：“妾发初覆额，折花门前剧。郎骑竹马来，绕床弄青梅。同居长干里，两小无嫌猜。”此诗描绘了一位女子与丈夫幼年时在一起亲昵嬉戏的画面。后来“青梅竹马”和“两小无猜”用于描摹幼男幼女天真无邪情谊的佳语。竹马是一种古老的儿童玩具，即以一根竹竿骑于胯下，一手握于竿头，竿尾拖于地上，奔走如骑马之状，称之“骑竹马”。东汉初年扶风茂陵（今陕西兴平东北）人郭伋，字细侯，东汉武建十一年（公元 42 年）任并州牧，勤政爱民，官声颇佳。有一次，他至西河美稷，有数百儿童骑竹马来迎，并问他何时返回再路过此地，到时还要为他送行。于是，又有了“竹马交迎”“竹马拜迎”的成语，用于称颂地方官员贤德。骑竹马这种游戏的产生，刘克定如是说：古代经常发生战争，所以那时的孩子都是“竹马将军”，他们的理想是上战场杀敌，为国立功，游戏都是以打仗为内容，从三国到南北朝，很多有名的大将军，小时候都是“竹马骑士”。骑竹马游戏年代久远，模拟骑马是孩子们如痴似醉的游戏，无数次梦中骑上高头大马，或在草原上策马扬鞭，或成为一名冲锋陷阵的骑兵。野马驯化为人所用，后又用于战争；马是人类的朋友，又是神圣的动物，那高大身躯、火焰一般飘扬的鬃毛、神气起落又敲击着大地的马蹄，这一切无不对南方的孩子，尤其是海岛的孩子构成无法形容的诱惑。黑马、白马，如同黑色或白色的闪电撕裂着暮色或黎明，但是，时代的变迁，马的身影也渐渐消失了，耳畔留下的只有马蹄嗒嗒的回声……

这个游戏既能锻炼身体，又能激发起崇高情怀，是一种有利于少年儿童身心健康的娱乐游戏。

游戏说明

玩这个游戏时，需要一根青竹竿，长约 2 米，除去竹叶，提起一头，另一头拖在地上，骑在胯下，便可以驰骋冲杀了。这样一匹“战马”简单粗犷，为了让这匹马的外观更加漂亮英俊，可把这根竹竿装饰一下。首先，在竹竿头上系上绳子，作为提手，称之为缰绳；其次，在竹竿身上装饰鸡毛或画上图案，再拿一条树枝作为马鞭。这全副鞍马就算配齐了，玩起来也会更加逼真。

这个游戏有许多种玩法，玩起来都很有意思。

游戏规则

1. 比谁跑得快

可以是2人对抗赛，也可以是若干人比赛，比赛要从同一起点出发，谁跑到终点谁就赢。

2. 障碍赛

比赛可以在田径场、公路或其他地方，可以上坡也可以下坡，还可以在较长的线路上进行越野赛，中间可有崎岖的小路、溪谷、沟坎等。障碍赛主要比谁先到达终点。如果障碍赛中要比跳高，就从一定高度往下跳，谁勇敢地往下跳得远，并且竹马完好无损，还能骑马行进者，谁就赢。

3. 骑马角斗

角斗场地可选草地、沙滩或平地，在规定的范围内，可用肩膀、肘部或躯干的任何部位撞击对手。但是，不能用膝盖顶对方的胯部、用头撞对方的胸部，也不能用竹马打击对方的任何部位。在角斗中，不管是被对方冲撞下马，还是失去平衡下马的，都判对方胜。骑马角斗一般分为如下两类：

（1）一般角斗。不分年龄级别，不计时，采用三战两胜制或五战三胜制。

（2）争夺王位。这种角斗又叫擂台赛，所有参赛者，如果谁能一个一个分别战胜对手，谁就争夺到王位。

游戏要求

（1）人数不限，一般以2～12人为宜。

（2）时间不限。

（3）场地不限，室内野外均可，比谁跑得快或争夺王位，可在公路、操场或舞台上；障碍赛可选择在野外的草地、沙滩等。

（4）配套的“竹马”若干。

撑哑铃

游戏渊源

大家可曾见过有人在街头巷尾用绳子挑起来一个“竹筒”玩出各种花样，而且高速转动的“竹筒”发出清脆悦耳的响声，这就是哑铃，也叫空竹、舞铃。这个游艺项目已有两千多年历史，是中国古老游艺中的一朵奇葩。三国时期曹植就曾作过一首《空竹赋》，如果这算最早有关空竹的记录，那么它的历史也有 1700 年了。在《水浒传》110 回中，宋江受命征讨方腊的路上见到有人在玩“胡敲”，有感于宿太尉保举之恩而作诗云：一声低来一声高，嘹亮声音透碧霄，空有许多雄气力，无人提携漫徒劳。当然小说是后人写的，但也表明写书人的时代，空竹游戏已司空见惯。据考证，哑铃是由陀螺演变而成的一种民间玩具，在不同的地域和时代有不同的名字。明清以前，人们叫它“空钟”，南方有称之“嗡子”，天津人叫它“风葫芦”或“闷葫芦”，四川人叫它“响簧”，上海、浙江人叫它“哑铃”，山西人称之“胡敲”，长沙人称之“天雷公”，大多数北方人叫它“空竹”。据明末《帝京景物略·春场》里描绘：“空钟者，刳木中空，旁口，汤以沥青，卓地如仰钟，而柄其上之平。别一绳绕其柄，别一竹尺有孔，度其绳而抵格空钟，绳勒右却，竹勒左却。一勒，空钟轰而疾转，大者钟声，小者蜣飞声，一钟声歇时乃已。制径寸至八九寸。其放之，一人至三人。”到了清代，抖空竹已发展成为深受人们欢迎的杂技项目，杂技艺人在原来花样的基础上，又创造出许多新的花样和难度技巧，表演时与优美舞姿和动听的伴奏乐融为一体，更提高了人们的审美情趣。在20世纪70年代前，撑哑铃也是舟山地区常见的民间儿童游戏，随着时代的变迁，现在已十分罕见，所幸的是我们还能在一些城市公园和杂技表演舞台上见到。

这是一个培养少年儿童杂技艺术细胞的娱乐游戏。

游戏说明

这个游戏比起其他游戏较为复杂，哑铃分为单轮（木轴一端为圆盘）和双轮（木轴两端各有一个圆盘），双轮哑铃比单轮哑铃容易控制。圆盘四周的哨口以大哨口为低音孔，若干小哨口为高音孔。以各圆哨口数量而分为双响、四响、六响……直至三十六响，拽拉动作时，各哨同时发音，高亢雄浑，声入云霄。

撑哑铃的花样技巧很多，据不完全统计有上百种。我们见到高手玩哑铃，玩起来忽左忽右、忽高忽低，时而身前、时而身后；舒缓时如行云流水、连绵不绝，胜似闲庭信步；急重时如流星闪电、瞬息万变，酷如舞枪弄棒，令观者目不暇接、眼花缭乱，不失为一种艺术享受。

撑哑铃为一种艺术表演，表演花样、项目繁多，如：

（1）由撑哑铃演变的花样：二郎担山、二龙抢珠、鲤跃龙门、纺花织布、回头望月、哪吒蹬轮、鲁班拉锯、金猴翻杆，等等；

（2）由捞月演变的花样：左右捞月、背后捞月、胯下受辱、张飞骗马、直上云霄、凤凰点头、倒挂金钟，等等；

（3）由盘丝变化出的花样：流星赶月、盘丝跳绳、出水芙蓉、横空出世、天女散花、大盘丝，等等。

以上的花样表演要经过长期练习才能掌握，并非一日之功、一蹴而就，还有一些高难的动作要付出很大努力才能练成。

游戏规则

（1）比抖的时间。

（2）比抖的花样。

游戏要求

（1）人数不限，一般以 1 ～ 6 人为宜。

（2）时间不限。

（3）场地不限，操场和舞台均可；一般 50 ～ 100 平方米。

（4）单轮和双轮哑铃若干只。

打弹子

游戏渊源

打弹子游戏历史悠久，可以追溯到原始社会时期；弹子也很有来头，是我们的老祖宗在原始社会时采拾狩猎用的弹丸，我国许多古代遗址中都出土过大量的石球和陶球。“弹子”其实是方言土语，现代的“弹子”是一种玻璃球。在 20 世纪 70 年代以前，很少有孩子能拥有玻璃弹子，因此晶莹剔透的玻璃球是孩子们弥足珍贵的宝物。若没有玻璃弹子，孩子们就自己动手制作石弹子和泥弹子，甚至把桂圆核等圆的、硬的东西当作弹子来玩。遥想当年，哪家男孩子的书包里不藏着几颗弹子呀！一有空闲，男孩儿们就在地上挖几个洞，趴着玩起打弹子游戏，常常把衣服弄得脏兮兮，把自己搞得灰头土脸，尽管免不了大人们的一顿臭骂或一顿责打，他们仍我行我素、乐此不疲。因为他们玩的是心跳，玩的是刺激，玩的是快乐！

这是一种锻炼少年儿童眼力、手指和手关节的娱乐游戏。

游戏说明

打弹子即打玻璃球，但早先海岛渔民生活贫穷，孩子们玩不起玻璃弹子，就用石弹子和泥弹子来替代。一般用一块砖，先把它敲成小碎块，然后打磨成圆弹子，即制成了石弹子。泥弹子则从田里挖出泥土，湿燥适中，捏搓成圆弹子，然后晒或烤硬制成。

弹子一般有自由打、打圈、打洞、打三角等几种打法。

游戏规则

（1）自由打。选择一块空地，参赛者随意在地上放弹子；以抽签的方式决出顺序，然后轮流打，谁击中对方的弹子谁就赢。

（2）打圈。先在地上画一个直径约为 1 米的圆，参赛人员将弹子放在圆圈之内，以抽签的方式决出顺序，然后轮流打；谁把对方弹子击出圆圈外，谁就胜出。

（3）打洞。先在地上挖三个洞，洞的大小深浅和三洞距离都要一致，一般洞深为 6 厘米左右，再画一条与洞距离相等的线为起点。以抽签的方式决出比赛顺序，从起点开始将弹子打入第一个洞里，然后是第二个洞，直到打到第三个洞为止，连打入三个洞就成为“老虎”，待在一边，轮到再打时就可以吃对方的弹子，也就是撞击对方弹子；如果没打入洞，弹子弹到何处就只能放在何处，等着让对方的“老虎”吃，待到下轮次再继续打；如果大家都成为“老虎”就可以互相吃，吃完为止；被吃者认输。

（4）打三角。先在地上画一个三角形区域，然后在离三角形一定距离处画一条起点线，再在三角形区域内放一定数量的弹子。以抽签的方式决出比赛顺序，然后轮流从起点线开始打，要把三角形区域里面的弹子撞出，同时又不能让自己的弹子留在三角形里，否则原来撞出的弹子还得放回三角形区内，并且不能再打；如果没有打到弹子而自己的弹子滚在外面，那此轮停赛，要到下个轮次才能继续；以打出弹子多者为赢。

游戏要求

（1）人数不限，一般以 2 ～ 5 人为宜。

（2）时间不限。

（3）场地不限，室内野外均可，一般以室外为宜；场地大小视具体情况而定，一般以 15 ～ 50 平方米为宜。

（4）除了弹子外，无须其他道具和器材。

披红毛人

游戏渊源

此游戏在舟山已有一百多年历史了。红毛人是从前香烟盒里的一张硬片，也称香烟标牌，实际上是一种大小如火柴盒、印有不同历史人物和小说人物的硬纸片，常拿来当作小孩的玩具。披就是打，也即打红毛人。红毛人是指西洋人，民间对外国人的旧称，如英国人、美国人、法国人、荷兰人、葡萄牙人等。舟山地处海岛，历史上屡次遭受外敌入侵。16 世纪初有葡萄牙殖民者入侵舟山，此后有荷兰殖民者来普陀山骚掠；清道光、咸丰年间，英帝国主义者悍然发动了鸦片战争，为了打开中国门户，1840 年在定海晓峰岭竹山门进行了大规模的军事入侵。在长期抵抗外侮的战斗中，舟山人民为英勇抗击外来侵略者做出巨大牺牲，留下许多可歌可泣的英雄事迹；而长期被外国殖民者入侵骚扰的历史，既严重地危及了岛民的生产和生活，也对海岛地区的民风产生很大影响，当地百姓对外国侵略者痛恨之极，此游戏因此产生。

这是一种锻炼和提高少年儿童体力和臂力的娱乐游戏。

游戏规则

这个游戏主要考验人的臂力，举起自己的红毛人将对方的红毛人掀翻，没有一定的体力和臂力是玩不好的；当然，还需要一定的技巧，因此它是一种智力和体力相结合的游戏。

1. 打潜法

以抽签的方式决出顺序，参赛者除第一个玩者外，每人先在地上放一张红毛人，然后轮流打，赢了可继续打另一张，打不赢就让其他人打；每场比赛以谁赢得多谁就胜出。赢有两种方法：

（1）打下去之后，将对方的红毛人掀翻；

（2）用自己的红毛人插入对方红毛人下面（注：如果没有插入对方下面，自己的反而盖在对方的上面，那么这张红毛人就归对方）。

2. 滑落打

在墙面的 1 ～ 2 米处画一条线，用抽签方式决出顺序，然后轮流从线上让红毛人自由落地，赢有两种方法：

（1）比谁的红毛人飞离墙面最远，最远者可以将其他的吃掉；

（2）从高处滑落下去时打着对方的那张可将其吃掉，打不着放在地上，落在地上的不属于任何一方；每场比赛以打着多者为赢。

3. 桌面打

选取一张桌子，以抽签的方式决出顺序，然后轮流在桌面上推，谁推的远谁就获胜，将其他红毛人收为己有；推时将红毛人露出桌面一点，露出多少自控，然后用手心撞击红毛人推出去；推出桌面者成绩为零。每场谁赢的红毛人多，谁就获胜，以此排定名次。

游戏要求

(1) 人数不限，一般以 2 ~ 6 人为宜。

(2) 时间不限。

(3) 场地不限，室内室外均可，一般以 25 ~ 50 平方米为宜。

(4) 除若干红毛人之外，无须任何道具和器材。

打三角

游戏渊源

此游戏与“披红毛人”游戏如出一辙。20世纪70年代出生的人，对于打三角游戏都不陌生，当时的男生书包里或多或少都藏有三角这样的玩具，学校的操场就是现成的“战场”，三五成群，势如群雄逐鹿中原。每个班总有几个打三角的能手，下课时他们原本只有几个三角，至上课时，却抱着十几个或几十个回教室，真可谓春风得意、满载而归。放学了，孩子们也不急着回家，依然要继续玩，玩到一方输得底朝天，战斗才告一段落。赢了的人自然兴高采烈，输的人难免垂头丧气；不过他们之中也不乏“侠义”之士，当一方输得血本无归之后，另一方会慷慨地把赢得的三角如数奉还。此时，输与赢并不重要，玩的就是心情和高兴。这是当时男生圈炙手可热的游戏之一，不同地方有不同的称呼，有的称四方、有的称元宝；不同地方的三角也有不同的形状。

做三角的材料很普通，最常用的是作业本和书本，当然最好是用牛皮纸，这种材料做出来的三角硬朗挺括，扇起来风力更大，赢的概率更高。而用香烟盒纸折叠的三角，外观好看，极具观赏性。

这是一个锻炼和提高少年儿童体力和智力的娱乐游戏。

游戏说明

游戏首先要用“三角”这种玩具。“三角”制作起来并不难，可根据不同爱好做出各种样式，三角形的、正方形的、元宝状的。做三角只需一张纸，将这张纸对折，再从相反的方向折叠一次就形成了三角形，最后把另一端折叠成的三角形状再插入刚才折叠形成的夹缝中，一个标准的“三角”就做好了。做“元宝”与做“三角”有相同之处，前面的步骤相同，只是最后一步有异。当一端折叠成三角形之后，另一端不同折三角，而是平行折几道，压住三角形后，把底下两角向内折叠，最后再把顶折回插入底部的压缝中，“元宝”就隆重出炉了。

玩这一游戏也要讲究技巧，一是要注意观察角度，选择地上三角悬空的一角，用力扇去，这样可以通过空气的流动从三角底部将它顶起；二是要讲究姿势，弯腰用力甩臂，如果腰弯得过低，手容易受伤，但也不能挺得过高，这样不易使上力气。

游戏规则

1. 打潜法

以抽签的方式决出顺序，参赛人员除第一个玩者外，每人先在地上放一个三角，然后轮流打；打赢了可继续打另一个，打不赢就让其他人打；谁赢得多谁就胜出。

赢有两种方法：

(1) 打下去之后，将对方的三角掀翻了；

(2)用自己三角插(潜)入对方三角的下面(注：如果没有插入对方下面，反而将自己的盖在对方的上面，那么这个三角就归对方)。

2. 滑落打

同披红毛人的玩法。

3. 桌面推

此玩法也同披红毛人的玩法。

游戏要求

(1) 人数不限，一般以 2 ~ 6 人为宜。

(2) 时间不限。

(3) 场地不限，室内室外均可，大小不限，一般以 25 ~ 50 平方米为宜。

(4) 除若干个三角之外，无须任何道具和器材。

挑香棒

游戏渊源

每逢普陀山观音菩萨香会节，络绎不绝的善男信女前往庙宇烧香拜菩萨，不禁使我们想起儿时烧香棒的风俗和挑香棒的游戏。旧时舟山，每逢七月三十日的夜晚，总能看到这样的情景：星星点点，恍若天上的银河坠入人间，红红的香火在黑暗里排出红色长龙，家家门前烟雾缭绕，无论大人孩子，人人捧着一把点燃的香棒穿梭在房前屋后，这就是俗称的“插地藏香”。进香仪式完毕，孩子们把烧完的香棒梗收集起来，以便今后玩挑香棒的游戏。通常孩子们要等第二天早上，但也有迫不及待的，半夜就起来，偷偷地推开家门，到外面去收集香棒梗。现在，插地藏香的风俗仍在舟山地区传承沿袭，老城中的房前屋后、桥头深巷插地藏香的情景每年都能见到，即使在新兴的小区里也是如此。虽然孩子们不再收集香棒梗玩挑香棒的游戏了，但是各幼儿园里类似于挑香棒的游戏仍很流行，只不过香棒梗改成了细细的塑料棒。

这是一个锻炼和培养儿童眼手协调能力、专注力和分析判断力的娱乐游戏。

游戏规则

此游戏是将一大把香棒梗堆在一起，从中一根根地挑出来，但不能拨动其他的香棒梗。这种看似简单的游戏，其实错综复杂，没有足够的认真劲儿和耐性是不行的，因此还得开动脑筋，运用分析和判断能力。

将香棒梗用手捧起来后放下去，堆成一摊，主持人用抽签的方式决出比赛顺序，然后轮流进行。玩者用一根香棒梗把架在上面的香棒梗一根根地挑出来，但在挑出香棒梗时不能触动其他香棒梗，如果动了其他香棒梗就犯了规，退出游戏，待到下一轮次再玩。谁挑到的香棒梗数量多，谁就获胜，以此排定名次。

游戏要求

(1) 人数不限，一般以 3 ~ 5 人为宜。

(2) 时间不限。

(3) 场地不限，室内野外均可。

(4) 香棒梗若干，桌子一张。

扑柿子核

游戏渊源

20 世纪 70 年代之前出生的孩子，喜欢把大人扔掉的香烟纸盒捡起来折成三角玩，喜欢拿竹子当马骑进行跑马或“冲杀”，也喜欢把柿子核拿来扑扑。那时候孩子们虽然很少有玩具，却能自己制作，创作出许多游戏，一个小小的柿子足以让人回到纯真的过去。

柿子成熟了，透红的柿子散发着诱人的香甜，每家每户总要挤出几个闲钱购买柿子品尝；孩子们喜欢跟在吃柿人的后面，一颗柿子核丢下，像见了宝贝似的，捡起来在屁股后蹭蹭，龇牙咧嘴地偷着乐；一颗，二颗，三颗……那些捡得少的孩子脸儿红红的不甘心，于是“战争”就在那一刻爆发了。孩子们招兵买马，找一个石台，摆好柿子核，谁的柿子核扑得远，谁就是胜利者，败下阵来的垂头丧气，把柿子核交给胜利者。一场战争下来，孩子们的小手又红又肿，却不亦乐乎，筹划着明天再战。当然，现在的孩子是不会再捡柿子核了，这种游戏也只留在 20 世纪 70 年代以前出生的人的记忆里。

这是一个锻炼和培养少年儿童判断和平衡能力的游戏。

游戏规则

扑柿子核需用掌心去拍，拍的力度非常关键，轻了拍不远，重了会拍到规定的线外或桌子外。柿子核放在桌子上要露出一点，究竟露出多少才能扑得远，这都要通过多次练习、反复观察，才能掌握个中技巧和奥妙。好在熟能生巧。

游戏前，参赛者自备若干柿子核，以抽签的方式决出顺序，然后轮流在桌上扑。比赛开始，每个人将柿子核放在桌子边沿，一半露出桌子边缘，然后用掌心去拍，看谁拍得远，但如果拍出桌外，比赛成绩为零，拍的距离远者为赢；扑的时间为 30 秒钟，超时判犯规，犯规者成绩为零；一场比赛后，谁赢的柿子核数量多，谁就获胜，以此排定名次。

游戏要求

(1) 人数不限，一般 2 ～ 4 人为宜。

(2) 时间不限。

(3) 场地不限，室内野外均可；以 15 ～ 25 平方米为宜。

(4) 柿子核若干，桌子一张。

滚铜板

游戏渊源

滚铜板也叫滚铜钿，是一种竞技性很强的民间游戏活动。其实铜板与铜钿还是有区别的。铜钿也叫铜钱，中间有方孔，质量轻而薄，不容易滚动；铜板也是旧时的钱币、质量比铜钿要大要厚，且中间无孔，但铜钿有时也是铜板的代名词。1949 年后早已废除这种叫“铜钱”的货币，但却流下了许许多多的铜钱在民间，“文化大革命”之前，每家每户还能从家中的抽屉里和箱箧里找出十几或几十枚铜钱。正是有了这些铜钱，大家闲来无事时，便拿出这些早已没有货币价值的铜钱玩玩，此游戏就产生了。然而，铜钱毕竟是铜质金属，可以换取有价值的货币，或卖到收购站，或换麦芽糖吃，还有极少数的被当古董收藏了，因此，铜钱也渐渐地从每家每户流失。随着铜钱的流失，这游戏也就自然而然销声匿迹了。

这是一个带有博彩性质的竞技性很强的娱乐游戏，盛行于 20 世纪 70 年代之前。

游戏说明

滚铜板时，在地上斜支一块砖，然后用大拇指和食指扣着铜板，在砖上用力一磕，铜板就“叮”的一声落在砖面上，顺着砖面一路滚出去；谁滚得远，谁就是赢家。这是一种最简单的玩法。

其实，滚铜板不仅可以比谁滚得远，还可以比“拾铜板”“打铜板”和“量铜板”的技巧。

所谓“拾铜板”，是在近距离内，双脚并拢，蹲在地上努力延伸身体，去捡对方的铜板，捡到的归自己，如果身体失去平衡摔倒那就失败了。

所谓“打铜板”，是在远距离内，用你的铜板瞄打别人的铜板，打中了就赢，被打中的那枚铜板也归自己。

所谓“量铜板”，即如果你的铜板打不中他的铜板，而落在他的铜板一侧，则需用你的拇指和食指来丈量，看它们是否能触及两个铜板。

因此，玩该游戏也要讲究技巧、讲究战术与战略。单纯玩“滚铜板”固然要求滚得越远越好，但若还要进行“打铜板”“量铜板”的，则一味地将铜板滚得远而又远，未必占便宜。因为，你的铜板与对手的距离拉得太远，不利于打击对方。最好的办法是控制力道与铜板方向，让铜板落在对手的一侧不远处。

游戏规则

1. 普通法

以抽签的方式决出顺序，然后开始滚，谁滚得最远谁就赢了。

2. 混合法

以抽签的方式决出顺序，然后开始滚，谁滚得最远谁就取得优先权，然后开始“拾铜板”“打铜板”和“量铜板”；用以下方式取胜：

（1）用“拾铜板”方法一次捡得铜板者取胜；

（2）用“打铜板”方法两次打到方能取胜；

（3）如果打不着铜板，才可用“量铜板”的方法连量三次即可取胜。

游戏要求

（1）人数不限，一般以 2 ～ 4 人为宜。

（2）时间不限。

（3）场地不限，室内野外均可，一般 10 ～ 20 平方米即可。

（4）铜板若干，砖头一块。

背上看字

游戏渊源

这个游戏必是识字的人才可玩耍，否则就不好玩了。说起文字，不能不提及文字的发明人——仓颉。相传，仓颉在黄帝手下当官，黄帝分派他专门管理圈里牲口的数目、屯里食物的多少。那时，当官的可并不显威风，和平常人一样，只是分工不同而已。仓颉这人挺聪明，做事又尽心尽力，很快熟悉了所掌管的牲口和食物的数量。可慢慢地，牲口、食物的储藏量在增加、变化，光凭脑袋就记不住了。当时尚无文字，更没有纸和笔。怎么办呢？仓颉犯难了。仓颉整日整夜地想办法，先是在绳子上打结，用各种不同颜色的绳子表示各种不同的牲口、食物。但时间一久，这个方法显然不奏效。因为，这增加的数目在绳子上打个结很方便，但减少数目时，在绳子上解个结就麻烦了。于是仓颉又想到了在绳子上打圈圈，在圈子里挂上各式各样的贝壳，来代替他所管的东西。增加了就添一个贝壳，减少了就去掉一个贝壳。这法子挺管用，一连用了好几年。黄帝见仓颉这么能干，叫他管的事情越来越多，年年祭祀的次数、回回狩猎的分配、部落人丁的增减，等等，也全都落在仓颉肩上。这下仓颉又犯愁了，凭着添绳子、挂贝壳已无法记录这繁杂的工作。怎样才能不出差错呢？ 有一天，他参加集体狩猎，走到一个三岔路口时，几个老者为走哪条路争辩起来。一个老者坚持要往东，说有羚羊；一个老者要往北，说前面不远处可以追到鹿群；还有一个老者偏要往西，说有两只老虎，不及时打死，就会错过了机会。仓颉一问究竟，原来他们都是看着地上野兽的脚印才认定哪个方向有猎物的。仓颉心中一喜，一道灵光猛然闪现：既然一个脚印代表一种野兽，我为什么不能用一种符号来表示我所管的东西呢？他高兴地拔腿奔跑回家，开始思忖创造各种符号来表示不同事物。于是就有了文字符号，从此以后他把事情管理得井井有条、头头是道。黄帝知道后，大加赞赏，并命令仓颉到各个部落去传授这种方法。渐渐地，这些符号的用法，在全国推广开了，就这样，文字形成了。

背上看字这个游戏起源于哪朝哪代，其实谁也不知晓、且无法考证。不过，这无关本书宗旨，重要的是这游戏好玩，玩起来让人快活、让人激动不已；它寓学于乐、寓教于乐，是一种温故知新的学习文字的好方法。游戏时还可以在猜到文字后，要求猜中者将这文字组成一个或一组成语，这样更能提高游戏者的语文水平。这是一种锻炼少儿体格，培养、提高少儿识字能力和语文水平的娱乐游戏。

游戏说明

此游戏两人一组，谁先看到对手背后的字并念得正确，谁就获胜。这看似简单的游戏，其实玩起来并不容易。试想，你要看到我背后贴着的文字，我也想瞧见你身后贴着的文字，你来我往，东张西望，谁也不让谁看到。若两个人个头一般高矮，靠伸脖子、探脑袋压根儿看不见，只有转到其背后去看才行，于是乎你争我抢、你躲我藏，这绝不是仅仅靠个人的体能和运动量就可以简单完成的游戏，还必须动脑筋、想办法，运用“声东击西”“欲擒故纵”“以静制动”等策略和战术，机动灵活地处理才可夺得胜利。例如，甲想从乙左面看到字，甲先故意挪到乙的右面，乙这时主要防守右面，没有预防甲突然出现在他左面，于是甲就成功地看到乙背上的字；有时一方以静的方式等待另一方的动，因为在运动过程中，总会让对方有机可乘。总而言之，要学到游戏的精髓，还要善于学习观察和推敲思考，这样一定能取得好成绩。

玩此游戏要画出一块较大的场地，便于两人看字时的运动。

游戏规则

此游戏可以分成低年龄段和高年龄段两种进行比赛。

(1) 低年龄段。两人为一组，谁先看到对方背后的字，然后念出来，谁就胜出。

(2) 高年龄段。两人为一组，不仅要看到对方背后的字，还要将此字组成成语才算获胜；如果谁先看到字，却没能组成成语，而被对方后来居上看到字并组对成语，那也算输了。

(3) 犯规与处罚。拉扯对方的衣服、用手或脚推踢对方、强按对方的身体判为犯规。一经发现犯规则黄牌警告；三次犯规判为输；如果已经赢了也取消成绩。

游戏要求

（1）人数不限，可 2 人一组。

（2）时间不限，也可每场设置时间，一般以 15 ～ 25 分钟为宜。

（3）场地不限，室内野外均可，一般以 10 ～ 20 平方米为宜。

（4）除了贴背字用的纸和笔之外，无须其他道具与器材。

拗手劲

游戏渊源

此游戏无须任何道具，简单易行，所以，不仅从前非常流行，现在仍随处可见。游戏双方就着桌子两侧一站，两只脚一前一后，伸出右手握住对方的右手，只等老师、家长或同学、同事一声令下，他们便使出全身力量、拿出浑身解数，拼命地要把对方的手扳倒。围观的人们则分列四周为拗手劲的人鼓劲、加油和喝彩；而此时，人群中若有一位英俊漂亮的异性或者你心仪的那位正默默地瞅着你比赛，你或许就更加有气势、有自信、有爆发力，发挥出最佳状态和技能。现在的“拗手劲”，早已引申为人与人之间、集团群体之间较真、角力和竞争之意了。其实，处于现代生活中的人，时时刻刻都在与自己竞争、与对手拗手劲；企业也如此，谁的产品占领市场份额大，谁就能赚大钱，拗不过手劲者只好被淘汰出局。

这是一种老幼皆宜、能锻炼臂力和臂肌肉群以及全身力量的娱乐游戏。

游戏说明

参赛者必须使用右手。比赛时，两位选手或站或坐在桌子两侧，双方必须同时将右手放到比赛的指定位置上，左手握拳置于背后，其余部位不得与台面接触，也不得借助外力，双方的两个大拇指紧紧相扣，在裁判下令之后，谁先将对方的手扳倒，或者将对方的手背碰倒在桌面上即为获胜。另外，在比赛过程中，双方的脚不能移动，每个人的肘部不能脱离台面（有的肘部位置画一个圆，肘部不得离开这个圆），身体不能剧烈晃动。可采用五局三胜制；成绩相同，再比赛一次；比赛也可以体重来分组。

游戏规则

(1) 参赛者统一采用右手，互握拇指，不戴手套等防守物品；双方右肘贴着台面，手肘、手腕、手臂并成一线；左手统一或握住台面的握把，或置于身后，身体不能接触到比赛台。

(2) 比赛可采用五局三胜制，每局中场休息 2 分钟。比赛阶段，双方选手的肘部必须处于中间，肘部屈曲度由选手自行决定，手与肩的距离不允许少于一个拳头，开始口令一律为“预备——开始”。

(3) 比赛中，拳头端部离台面小于 10 厘米或触及对手垫板者为输；任何时间内选手肘部都要与垫板接触，单脚离地、肘部离台面或离开规定范围者输。

（4）在相持情况下，每局时间终止时，以扳向自己方者为胜。

（5）比赛选手第一次犯规受黄牌警告，当局犯规两次即判当局输，双方同时犯规，则犯规者皆输。

（6）下列为犯规动作：采用下蹲动作；将对方手腕往己方拉；双脚离开地面；抢位；肘离开肘垫；松手；手腕与自己的身体接触。

（7）参赛选手不得蓄长手指甲。

游戏要求

（1）人数以 2 人为一组，2 ~ 4 组为宜。

（2）每局时间为 5 ~ 10 分钟。

（3）场地不限，室内野外均可，一般以 15 ~ 30 平方米为宜。

（4）比赛桌子及肘垫若干张。

打铜板仗

游戏渊源

童年生活是美好、无忧无虑的，尤其是 20 世纪六七十年代以前出生的人们，一定记得那种清纯质朴生活的美好；尽管物质匮乏、生活窘迫，但那份宁静的田园生活、童年的游戏和玩伴，一定记忆犹新。此游戏跟滚铜板有着类似的情节，游戏的器具也同样是铜板，只是玩法不同罢了。

这是一种竞技和博彩性很强的娱乐游戏。

游戏说明

20世纪70年代前，家家户户的铜板（包括铜钱）还挺多，大都是清末民初遗留下来的，它比现在一块钱硬币稍大一些，有黄铜和紫铜两种，以紫铜为贵。通常的玩法有圈打法和图打法两种。圈打法即在地上画一个圆圈，在圆圈内放6～8枚铜板，然后2～4人一起玩。图打法则是在地上画一个长方形，一般长30厘米、宽20厘米，在图里居中画两条十字线，如下图所示。可以两人轮流玩。

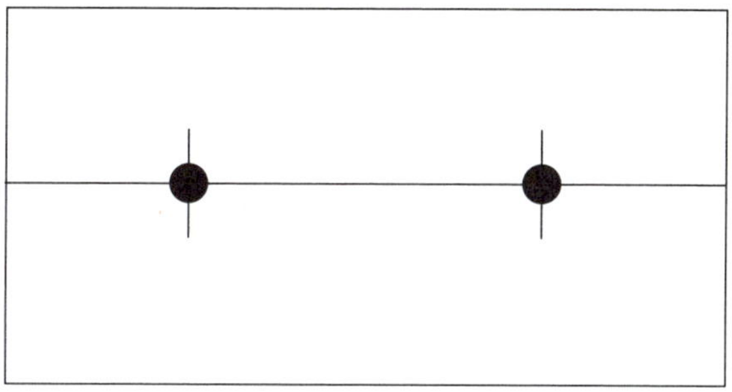

图打法平面示意

游戏规则

1. 圈打法

在地上先画一个直径20厘米的圆圈，每个参赛者可放数量相等的铜板（一般每人6～8枚）在圈内，以抽签的方式决出顺序；然后2～4人一起玩，每人手执一枚铜板轮流攻打圈内的铜板，将圈内的铜板打到圈外；在规定时间内，打出最多者为赢家。

2. 图打法

先在地上画好平面图，以抽签的方式决出双方的先后顺序；后玩者将两枚铜板分别放在两个十字交叉点上，让先玩者打。先玩者以站立姿势从一定距离外由上而下用自己的铜板撞击地上的铜板，若将别人的铜板打离原来地点即为胜出。如果没有打掉对方的铜板，反而把自己的铜板打出图外，则算输给对方；若打下去的铜板压在点上，也算是输了。还可以事先约定规则，即打前询问掷打者“将高”还是“将低”，一般可规定打到距玩者远的一端为“将高”，打到离玩者近的一端为“将低”，若不符合事先约定则为输。

游戏要求

(1) 人数不限，一般圈打法 2 ~ 3 人；图打法 2 人为宜。

(2) 时间不限，圈打法可设置时间，一般 20 ~ 30 分钟为宜；图打法不限制时间。

(3) 场地不限，室内野外均可，大小以 15 ~ 30 平方米为宜。

(4) 铜板若干，没有铜板可用类似的金属物或者硬币代替。

猜剪刀石头布

游戏渊源

此游戏的经久不衰完全是因为它简单易行，只要想玩随时随地都可以玩几把。石头、剪刀、布，一物克一物，一物降一物，表面看简单得不能再简单，内里却暗含玄机，个中原理博大精深。这里与大家分享一则趣闻。据英国《每日邮报》报道说：这套“石头、剪刀、布”策略曾经让佳士得拍卖行成功地赢得 1000 万英镑的生意。话说一个有钱的日本收藏家，无法决定要让哪家公司拍卖自己收藏的一幅印象派画家的作品，于是他要求佳士得和苏富比两家公司猜拳决定。佳士得老板便向自己的员工讨教猜拳策略，最后在一名主管的十一岁女儿的建议下出“剪刀”才赢得这场生意。这名女孩子当时还在学校念书，并且经常玩这游戏。她的推论是：“当所有人都以为你会出‘石头’，苏富比肯定会出‘布’来打败‘石头’，所以佳士得必须选择出‘剪刀’。”真如预期，苏富比最后出“布”，输给佳士得的“剪刀”，拱手让出了生意。

这是一种老幼皆宜的提高心理素质和锻炼敏捷思维的娱乐游戏。

游戏说明

绝大多数人都知道游戏中石头赢剪刀，剪刀赢布，布赢石头的规则，那么，如何赢得这个游戏，个中的技巧就不那么简单了。有人曾经透露必杀技巧：先出剪刀。这个技巧是否有效呢？研究显示，在快捷摆出手势的猜拳游戏中，“石头”是玩家最喜欢出的一种，如果你的对手预期你会出“石头”，那么，他们就出“布”来赢你，而你出“剪刀”便能赢下这游戏。因为“剪刀”赢“布”。“剪刀”或许是游戏展开的最佳手势，但如果游戏已经展开，还有其他制胜的方式，如双重诡计，即告诉对手我要出什么，然后真的照出不误，因为没有人相信你会将自己的秘密告诉对方。另外，玩家常常下意识地想要击败他们自己前一次出的拳，也就是说你的对手若这一次出了“剪刀”，他们可能会在下一次出“石头”来击败“剪刀”，所以你应该选用会被“剪刀”击败的“布”来击败“石头”。

游戏规则

（1）双方在玩游戏时，同时喊:“一、二、三！”在喊到“三”的同时双方必须同时出拳。

（2）如果谁出拳迟慢则判作犯规，犯规者取消赢的成绩，若输了则记输两次。

（3）一般为三局两胜制。

游戏要求

（1）两人一组。

（2）时间不限。

（3）场地大小不限，室内野外均可。

（4）无须任何道具和器材。

猜拳

游戏渊源

此游戏又叫划拳，原本是民间行酒令游戏。在《七侠五义》中便有划拳的记载，至今该游戏已有近千年的历史，可算得上源远流长。将它归属酒文化也不为过，因为划拳并非只有简单的十个数字，其中蕴含着深厚的中国传统文化。首先，不能将一喊成一，不能把二喊成二，而是要用成语来替代。零要喊成宝；一要喊成一心敬你，体现了对对方的尊重；二要喊成哥俩好，如一方是长辈的要喊爷俩好，表示与对方的亲密关系；三要喊成三星高照或者三桃园；四要喊成四红四喜或四季发财，表示吉利；五要喊成五魁首，表示功名高中；六要喊成六六大顺，表示吉祥如意；七要喊成七个巧，表示了中国古代的佳节习俗；八要喊八仙过海，蕴含着中国道家文化；九要喊快喝酒或九连环，也可喊快得利；十则喊满堂红或全到了。现在还有许多创新的喊法，还把唐诗、宋词都运用到猜拳之中，如“三十功名尘与土，八千里路云和月”“两个黄鹂鸣翠柳，一行白鹭上青天”，还有幽默的，如四环素呀，淋（零）巴结呀，等等。因此，从划拳人的用语上就可以判断出这个人的文化层次和个性特点。总而言之，猜拳不只是一种普通游戏，还是一种非物质文化遗产的传承。全国各地因习俗和文化差异，常用的“拳法”也不同，五花八门、各具特色。舟山地区的拳种有：定海拳、桃花拳、六横拳和美人拳等几种，喊拳数也有舟山海岛特色。有一种喊法是：一定恭喜，两葛头，散散心，试试开啊，五魁首，六六顺，七巧里，八匹马，快得利，金福加油。还有一种喊法是：两厢好哇，三么指呀，奥得奎啊，六里顺风，七巧渡呀，八大仙呀，宝奉送。或者这样喊：一条鱼呀，三江浪子，四月天，六谷种呀，七星照呀，丑八怪，九钱袋，等等。这都与海岛地区文化与生产习俗相关，有着鲜明的海洋特色。但是不管什么玩法，要赢的秘诀只有两条：一是思维敏捷；二是要有一定的心理素质和战术意识。

这是一种提高人的心理素质和锻炼敏捷思维的娱乐游戏，也适合少年儿童。

游戏说明

猜拳的玩法和种类有多种，指令拳，石头、剪刀、布，傻瓜拳，小蜜蜂拳，青蛙落水，棒子、老虎、鸡、虫等。

(1) 指令拳非常流行，对拳时两人同时伸出手指（单手能出的手指 0 ~ 5），口中报一数字，与双方伸出的手指数目相符合者为赢，双方猜中继续，输者罚酒。

(2) 石头、剪刀、布是最普通、最流行而历史悠久的游戏玩法，不一定在酒吧，任何一个地方都可以玩。

(3) 傻瓜拳。两人同时出拳（石头、剪刀、布），如果相同则喊“他傻瓜”；如果甲方赢，乙方输，则甲方喊“你傻瓜”，乙方喊“我傻瓜”，反之亦然，谁喊错谁罚酒；此游戏则在考验你的反应速度，越喊快越容易出错。

(4) 蜜蜂拳。“两只小蜜蜂呀，飞在花丛中呀，飞呀飞呀——嘿！石头、剪刀、布”，玩者同时说出以上歌谣，然后猜赢的一方就作打人耳光状；左一下、右一下，同时喊“啪啪”，输的一方要顺手势摇头晃脑作挨打状，口喊“啊啊”，如果猜和了，都要做出亲吻状还要发出类似的配音，动作及声音喊错者则罚酒。

(5) 青蛙落水。“一只青蛙一张嘴，两只眼睛四条腿，跌落水；二只青蛙二张嘴，四只眼睛八条腿，跌落水；三只青蛙三张嘴，六只眼睛十二条腿，跌落水……”以此类推。以上歌谣每人说一句，出错者罚酒。

(6) 棒子、老虎、鸡、虫。这四种物件按顺序一物克一物，两人相对，各用一根筷子敲击，同时喊：“棒子、棒子，开始！”负者罚酒，如果老虎与鸡和虎与虫同时喊出，则不分胜负。

游戏规则

这里主要介绍猜指令拳的规则。指令拳有许多讲究，类似日本茶道仪式，开始时俩人必须伸出拇指喊出“哥俩好”，接着双方各伸出五指并喊出“全都好哇”，以示敬重对方和友好关系，然后才开始猜拳。猜拳要遵守以下规则：

（1）拳拳不离拇指。

（2）双方出的拳数相加，如某人喊的数字与双方出拳的数字之和相同，那么此人就赢拳。

(3) 食指和拇指虽说表示“二”，但这个指“枪指人”不太好，就不要出，如果想出“二”，则出除食指以外的任何一指。

（4）自己出的拳一定要比自己喊的数字小，否则就赢不了拳。

（5）语言禁忌如不能对生意人喊“奥奎、奥奎”，做生意忌亏（奎、亏同音）。

游戏要求

（1）人数以 2 人为一组。

（2）时间不限。

（3）场地不限，室内野外均可。

（4）无须任何道具和器材。

舟山游艺

舟山群岛

传统渔家游艺集萃

第三章

动手制作

制弹弓打靶

游戏渊源

“以隋侯珠弹千仞之雀，必笑所用至重，所取至轻。”这是两千年前庄子取笑某些人以昂贵代价做一些微末小事时所说的话。隋侯珠是上古的珍宝，价值连城，与和氏璧齐名。以隋侯明珠做弹丸击雀，难免有大材小用、明珠暗投之嫌。当然，庄子所说的只是一个比喻，不会真的有人荒唐到不辞辛劳拿着弹弓攀上千仞之峰，用贵重的隋侯珠去打鸟儿的地步。由此可见，打弹弓的历史可追溯到两千多年以前。不过，历史上真的有以黄金做弹丸耍酷摆阔的人。《西京杂记》中记载，汉武帝的小学同学韩嫣好打弹弓，“常以金为丸，一日所失者十馀”。一时长安市井流行“苦饥寒，逐金丸”的说法，每次韩嫣挟弹出行，后边都会有很多儿童跟随，去捡韩嫣打失的金弹丸，可见这个韩嫣实在是腐败奢靡透顶。韩嫣字王孙，出身贵族，史上指称纨绔子弟为“挟弹王孙”的说法就源自于他。弹弓在古代也曾是很流行的娱乐工具。两汉魏晋时期，富家子弟出游往往是挟弹携壶，赏赏山景，打打鸟雀，“遇会饮酌，萧然自得”，俨然形成一种风尚。弹弓非武器，它的唯一价值就是娱乐。有人曾一本正经地说，弹弓玩不得，“外不足御寇盗，内不足禁鼠雀”，玩它有什么用？这说法虽有点呆板，但历史上倒也真有玩弹弓玩出了格的人。比如春秋时的晋灵公，喜欢在台上以弹弓弹人，看着台下的人东躲西藏、狼狈不堪，晋灵公就乐得开怀大笑。又如三国时魏国末代皇帝曹芳，“常喜以弹弹人”。

历史上也有把射术玩得很精的弹弓爱好者。《齐书》中称桓荣祖善弹弓，一次登西楼见一种被称为鹄的鸟在天上飞翔，就对左右说：“我当生取之！”于是拿弹弓弹射鹄的两翅，鹄羽毛脱尽坠地。桓荣祖于是将鹄拾起并圈养起来，待羽毛长全后再放飞。《隋书》中也记载了将军长孙晟善弹射，有鸢群飞过，隋文帝对长孙晟说：“公善弹，为我取之。”结果长孙晟十发俱中，鸢鸟纷纷应声而落。然而，自古至今还没有人能在弹弓射术上超过当代运动员许海峰的。许海峰是中国体育界的一杆著名“老枪”，曾摘得美国洛杉矶奥运会的第一枚金牌，为中国队实现了零的突破。据说许海峰小时候每天放学后都会去练习打弹弓，如果不是从小结下的“弹弓缘”，也就练不出这举世无双的“准头”，更不会有这个奥运冠军的诞生。

打弹弓游戏盛行于 20 世纪 70 年代前，当时的少年儿童，都是自己制作弹弓自己玩耍，他们打靶子、弹飞鸟，比试谁打得远、打得准。打弹弓是一种技巧性很强的游戏，玩起来刺激。这是一种可以培养和锻炼少年儿童动手能力和射击竞技能力的娱乐游戏。

游戏说明

1. 制作材料

为减轻污染，尽量用天然材料。

（1）人字形树杈，要求粗细均匀，无断纹，无结疤，长 15 厘米左右。若制作铁质弹弓，则需要准备 1 根 30 厘米长的 8 号铁丝。

（2）高强度高韧性的橡皮条 2 根，或者选用特殊工艺加工的牛腿部韧带 2 根，长度均为 40 厘米左右。

（3）鞣制的牛皮一块，剪成 3 厘米 ×8 厘米的长方形备用。

（4）选取直径 1 厘米的钢珠若干枚，或直径为 1.5 厘米的石子若干，数量根据需要而定；若需要自己动手制作弹丸的，还要准备胶泥（或者黏性较强的河滩泥）、水等材料。

（5）钳子等制作工具。

2. 制作

（1）木质弹弓的制作。一般选取柳树上的人字形枝杈，取料时要多留出一点余量，然后将取下的树杈剥皮、自然晾干，切记不能曝晒以免干裂，整理好形状，一个木质弹弓架便制作成功。

（2）铁质弹弓的制作。选用一根长度为 30 厘米的 8 号铁丝，用老虎钳子折成“人”字形弹弓架，两个顶端各折弯成一个圆圈，作系橡皮筋之用，这样一副铁质弹弓就制成了。

3. 组装

小小弹弓并不简单，一副弹弓要由控制系统、动力系统和弹药发射系统三部分组合而成。弹弓的控制系统就是用木质材料或铁丝做成的人字形架子，弹弓的动力系统实则由两根高强度高韧性高弹力的橡皮条组成，弹弓的弹药发射系统通常使用鞣制的牛皮制成。

上一环节中完成弹弓架只是弹弓的最基础部分，实则是弹弓的控制系统要将三个部分组装起来，才能真正完成一个弹弓的制作。

弹弓的组装就是将动力系统固定在发射系统的小孔上，每孔一根，切记必须牢固，动力系统的另一端固定在控制系统的“人”字形树杈的两个杈端上（固定方法有两种，如下图所示），当然也一定要牢固，另外还要注意动力系统的两根橡皮条的长短要一致。

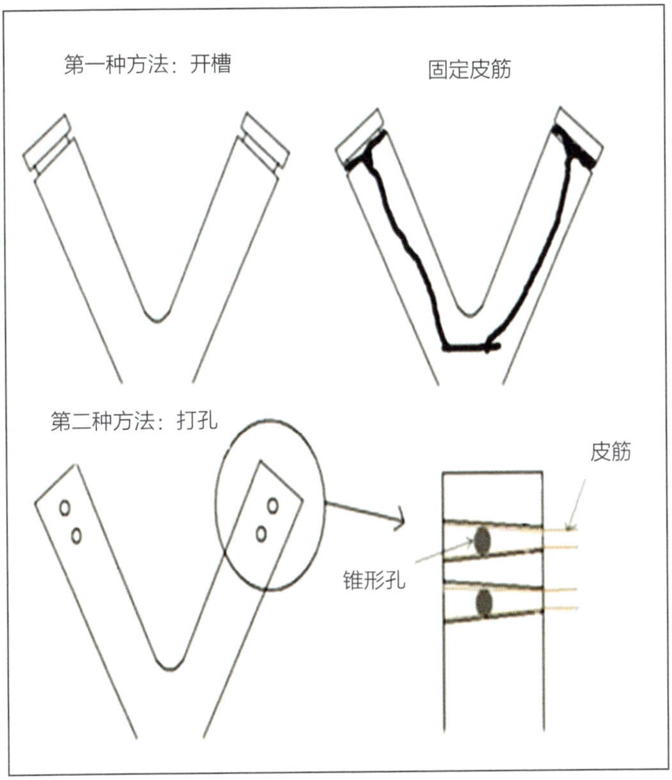

弹弓组装固定方法

4. 弹药

（1）首选直径为1厘米的钢珠。

（2）其次是直径为1.5厘米的石子。

（3）还有自己制作的泥丸。泥丸最好用胶泥制作。先把胶泥与水混合，调制成馒头面一样软硬适中，再用手按并来回摔；然后用手搓捏成泥团，制成一粒粒泥丸，晒干即成。

5. 打弹弓要领

打弹弓需要多次练习才能掌握好技巧，练习的次数多了，也就总结出经验，熟能生巧了。

（1）弹弓没有准星，但可以估量出目标与瞄准点。

（2）左手握紧弹弓架举平，右手拉弦，眼睛盯着皮筋的中心和弹弓的中心，把中心点对准你要打的目标，然后松手发射弹丸。

（3）注意拉紧皮筋的时候要呈等腰三角形。

游戏规则

要求每个参赛者的弹弓都自己制作。

（1）打靶。射靶为普通靶，共设十环，有几个参赛者就设几个靶，每人十发子弹，排成一列，从左到右轮流一弹一弹地弹打，打完为止，以环数统计成绩，谁环数多，谁就获胜，以此排定名次，成绩相同再补打一次。靶距可设为10米、15米、20米不等。

（2）打“飞鸟”。“飞鸟”指系在空中横绳子上的彩色布带子，颜色可为红、黄、绿色等，大小如一只鸟。有几个参赛者就设几条布带子，每人十发子弹，排成一列，从左到右轮流一弹一弹地弹打，打完为止，以打着“飞鸟”为准，谁打得多谁就获胜，以此排定名次，如果成绩相同再补打一次。距离与高度可分别设为 10 米远、6 米高，10 米远、9 米高，15 米远、6 米高，15 米远、9 米高。

游戏要求

（1）人数一般以 2 ～ 6 人为宜。

（2）时间不限。

（3）室外或野外均可，大小实地勘察，视情况而定。

（4）道具与器材为弹弓、靶子、绳索、有色布带子等。

制蜘蛛网棚

游戏渊源

蜘蛛网是由吐丝蜘蛛所编成的网状物，用以捕获昆虫、小型脊椎动物等作食物，或用以结巢居住。蜘蛛结完网后，便会退到网的一角或附近等待猎物落入陷阱。蜘蛛网丝一般带有黏性，当蜘蛛在网上移动时，都会注意避免踩到黏性丝线。在广大的渔农村，蜘蛛网几乎无所不在；蜘蛛们甚至可以借助风力寻找适合的结网场所，没人打扫的屋间、猪舍、房檐下和角落都是理想的结网场所。蜘蛛还要经常更换结网场所，因为所结之网很快就会失去黏性，所以必须重新结网，这也是我们经常见到网而见不到蜘蛛的原因。有些蜘蛛网丝的强度比同等粗细的人造丝还要强，弹性也更高，具有很大的利用潜力，这是材料科学的研究课题之一。聪明好学的人类利用蜘蛛网丝的黏性、弹性和强度等原理来制作蜘蛛网棚，用来黏捉蜻蜓、知了、金龟子等小昆虫，捕捉家中的蚊子、野外的蝴蝶等，这也成了渔农村孩子们在20世纪80年代前乐此不疲、必玩的游戏。自己动手制作蜘蛛网棚，可谓其乐无穷。

这是一项培养和增强少年儿童动手能力，提高他们对昆虫认知水平的娱乐游戏。

游戏说明

此玩具由棚竿、棚圈和网丝三部分组成，制作比较简单。

1. 材料

(1) 棚竿。要求一根直径1厘米、长约150厘米的竹竿，一端为空管子，可以插棚圈之用。竹竿不宜太长太粗，否则使用起来不灵活。

(2) 棚圈。用一根竹篾做成。要求使用新鲜竹子，要有韧性，将它折成一个椭圆的竹圈，两端固定并留出一定长度。竹圈不宜太大，一般直径25厘米左右。

(3) 网丝。网丝为若干个蜘蛛网叠加而成。

2. 工具的组装

将棚圈的预留端插入竹竿的一端空管子里，组装成一个网棚；然后再用蜘蛛网丝填满网棚，这样整个蜘蛛网棚即可使用了。为了使网棚坚固可多撩几个蜘蛛网，填蜘蛛网丝时可用网棚反复撩。

3. 工具的使用

可将网棚在空中飞舞的蚊子、蝴蝶、蜻蜓、昆虫等周围来回扫荡，把它们网住；也可利用网棚将在草上或树上的昆虫按住，网在网里。

游戏规则

制作成蜘蛛网棚便可进行逮昆虫比赛，比赛所使用的蜘蛛网棚都应该是参赛选手自己制作的。

（1）单种昆虫捕捉比赛。选择一处某种昆虫比较多的地方；在规定的时间内，谁捕昆虫数量多，谁就获胜，以此排定名次；成绩相同的，观看谁使用的网棚完整，谁就胜出。如果有用手工捕捉昆虫者，不管捕捉多少，一律取消比赛成绩。

（2）多种昆虫捕捉比赛。选择一处昆虫种类较多的地方开始比赛，比赛规则与单种昆虫捕捉比赛相同，只是论输赢时既可以按昆虫数量计，也可以根据种类和数量综合计分。

游戏要求

（1）人数一般以 3 ~ 6 人为宜。

（2）时间一般以 45 ~ 120 分钟为宜。

（3）场地为野外，大小不限，实地勘察，视情况而定。

（4）除蜘蛛网棚外，还要准备盛昆虫的塑料袋。

狗尾巴草制玩具

游戏渊源

狗尾巴草属禾本科，是一年生的草本植物，草叶细而长，植株高 50 ～ 70 厘米。成熟后会长出一根长长的茎，茎顶端类似谷穗，所以农民又叫它秕谷子，也叫绿狗尾巴、谷莠子、光明草、阿罗汉草、狐尾等，夏季开花，为田间常见的杂草。

有一则狗尾巴草的传说，耐人寻味。传说有相依为邻的两户人家，东边一家姓李，西边一家姓张。李家有儿叫栓儿，已娶妻，张家有儿叫柱儿，刚刚十一岁。栓儿精明，柱儿憨厚。栓儿家有头健壮的大耕牛，柱儿家有条忠实的黄毛狗。往年两家耕地都用栓儿家的耕牛。后来，两家老人相继过世，柱儿也只好顶起门户过日子。栓儿小气又爱占便宜，每次柱儿来牵牛耕地时，栓儿都心疼得不得了；而柱儿帮他种地、收田、担水、劈柴，有了好吃的也总是与他一同分享，他却从来记不起人家的好。一年春天，又该耕地了，柱儿去牵牛。栓儿说：“柱儿，我家的耕牛老了，干不动活了，以后你家的田你就自己耕吧。”年少的柱儿一个人怎耕得了这地？眼看着地里的荒草越长越茂，柱儿愁得直哭。这天，柱儿一边挖地一边流泪，那条从不离他左右的黄狗突然开口说话：“你别哭了，你就用我耕地吧！”从那以后，黄狗春天帮柱儿耕地，秋天帮柱儿拉车，柱儿不但没有耽误农时，收成还比栓儿多。栓儿看着眼红了，他装出一副很可怜的样子，苦着脸对柱儿说：“家中的老牛老得耕不了地，柱儿啊，能否把黄狗借给我使用？”谁知黄狗到了栓儿的地里就是不肯耕地，栓儿气得把黄狗给活活打死了！狗死了，栓儿把它就地掩埋，只露出一截尾巴在外面。然后跑去跟柱儿说：“柱儿柱儿，你的狗到我那儿不干活不说，还一头扎进地里不肯出来了！”柱儿急忙跑去一看，果然地里有一截黄色的狗尾巴随着风摇啊摆啊的。柱儿伤心地大哭，过去扯住那截狗尾巴就往外拉，谁知那截狗尾却已变成了一棵草。柱儿把狗尾巴变成的草拔出来，种在了自家地里。夏天到了，狗尾巴变成的草开出小小的浅绿色的花儿；秋天到了，小花儿又变成了一串串种子，跟谷子一样。第二年，在柱儿种下狗尾巴草的地方，长出成片成片绿绿的小草，就像种的庄稼一样，它们在风中摇啊摇。一天晚上，柱儿梦见自己的狗对他说：“今年你不要耕地了，地里长出的那些草都会结籽实的，它们足够你吃一年了。”这一年，柱儿既没耕地，也没种田，田地里满满的都是绿油油的青草。到了秋天，这些绿油油的青草果然结出了一串串籽实，金灿灿的……后来，栓儿看柱儿不用种地却年年有收成，就偷偷到柱儿地里拔草，种到自家地里。这些草在栓儿家的地里也长得铺天盖地，栓儿乐坏了；后来，满地的草也结出金黄色的籽，跟谷子一样，栓儿更乐了；再后来，栓儿就乐不出来了，因为他收回来的那些跟谷子一样的东西，有籽无实……因为这些像谷子一样的草是狗尾巴变的，样子很像狗尾巴，人们叫它“狗尾草”。

每当夏秋季节，孩子们都会跑到田野去，摘取一大把狗尾巴草，要求大人编织各种各样的动物玩具，自己也跟着学，其中小狗、小兔居多。此游戏在 20 世纪 80 年代前的渔农村比较流行，但是随着时代的变迁，现在已经十分罕见了。

这是一个培养和提高少年儿童想象力、动手能力和创作能力的娱乐游戏。

游戏规则

利用狗尾巴草作为材料可制作较多的动物玩具，如小狗、小兔子。此游戏比赛前首先要采集狗尾巴草，编织出来的动物玩具必须要完整、逼真；在数量相同的情况下，质量优秀者取胜。比赛可分为两类：

（1）单一编织。单一编织就是要选择好一种动物（例如狗或兔子等）进行编织比赛；在规定的时间内，谁编织的动物玩具最多，谁就取胜，以此排定名次。

（2）多种编织。所谓多种编织就是选择多种动物（例如两种、三种或多种，可以自己选择）进行编织比赛；在规定的时间内，谁编织的品种多数量也多，谁就取胜，以此排定名次。

游戏要求

（1）人数不限，一般以 3 ~ 10 人为宜。

（2）时间不限，一般以 45 ~ 120 分钟为宜。

（3）场地不限，室内野外均可，大小视情况而定。

（4）材料为狗尾巴草。

鳓鱼头骨制凤凰鸟

游戏渊源

舟山群岛地处东海渔场，捕鱼历史悠久，自古以来就是舟山人最重要的生产方式；吃鱼与舟山人的生活密不可分，利用鳓鱼头骨制作凤凰鸟和利用鱼骨头制作各种工艺品，条件优越、得天独厚。此制作游戏起源于何时，既无历史记载，也无人知晓，更无证可查。在其他地方，人们通常都会将吃剩的鱼骨头当成垃圾扔掉；但在某年某月的某一天，有这么一个人，兴许是一位老年人，他被鳓鱼骨刺这些形状各异、软嫩透明的“垃圾”吸引，觉得颇具观赏性，于是突发灵感，将它收集起来，洗净晒干，加以雕琢，做成了栩栩如生的凤凰鸟，后来就一发不可收拾地制作起各种动物。这手工技艺世代相传，一代更比一代强，后人精益求精，发扬光大，制作出各种各样神态各异的鸟类玩具。此游戏至 20 世纪 80 年代前还比较流行，能制作的大有人在，但随着时代的变迁，就渐渐地罕见了，会制作的人有很大一部分已经逝世，该技艺大有失传的趋势。

这是一种培养少年儿童想象力，提高动手能力和观察分析能力的娱乐游戏。

游戏规则

利用鳙鱼头骨来制作凤凰鸟、仙鹤等禽类玩具，首先要选用整具鳙鱼骨头刺，将其洗净晒干后便可制作。

在规定的时间内，利用鳙鱼头骨制作禽类玩具比赛。如果谁都没完成，那么就看完成的比例多少，并且完成部分的形态逼真与否。比赛前首先要准备好制作材料。

(1) 凤凰鸟制作。在规定时间内，制作一具凤凰鸟玩具，谁制作的玩具形象逼真，谁就获胜，以此排定名次。

(2) 仙鹤制作。在规定时间内，制作一具仙鹤玩具，谁制作的玩具形象逼真，谁就获胜。

游戏要求

(1) 人数一般以 2 ~ 6 人为宜。

(2) 时间一般以 60 ~ 120 分钟为宜。

(3) 场地不限，室内室外均可，大小不限，视情况而定。

(4) 准备鳙鱼头骨及相关工具。

制竹蜻蜓

游戏渊源

竹蜻蜓是一种玩具飞行器。人类有史以来就向往着能够自由飞翔，许多古老神话都在诉说着人类早年的飞行梦；几乎人类早期梦想的飞行方式都是原地腾空而起，像现代直升机那样，既能自由飞翔又能悬停于空中，并随意定点着陆。譬如，阿拉伯人的飞毯、古希腊大神们的战车，都是垂直起落的飞行器。然而，这些飞行器毕竟只存在于神话故事中，是人类飞行梦的早期幻想，因为在科学技术水平低下的古代不可能创造出载人飞行器。然而，即使是幻想，仍然孕育了直升机的基本构想，昭示了现代直升机的飞行原理，中国古代“竹蜻蜓”玩具就是其中最有价值、最具代表性的飞行梦想的体现。

关于竹蜻蜓有据可查的历史是晋朝（公元265—420年）葛洪所著的《抱朴子》一书中的记载。它利用螺旋桨的空气动力实现垂直升空，演示了现代直升机旋翼的基本工作原理。《简明不列颠百科全书》第9卷写道：“直升机是人类最早的飞行设想之一，多年来人们一直相信最早提出这一想法的是达·芬奇，但现在都知道，中国人比中世纪的欧洲人更早做出了直升机玩具。”这种玩具于14世纪传到欧洲，带去了中国人的创造发明，欧洲人才将它作为航空器来研究和发展。

竹蜻蜓玩具之所以能一直延续、不绝至今，是因为人们都拥有着向往自由飞翔的梦想。该玩具在20世纪70年代前的孩子们中间尤其流行，可喜的是至今仍有些地方批量生产此玩具。

这是一种培养和提高少年儿童动手制作能力和对飞行器认知能力的娱乐游戏。

游戏说明

竹蜻蜓是以竹子为材料制作的，现在有些厂家批量生产的有用塑料等替代的。竹蜻蜓由飞行部分和动力部分组成。飞行部分是用竹片削成螺旋桨形状，于正中间留一个小孔；动力部分是用竹子削成一根细竹棒，一端稍尖。

1. 制作步骤

（1）材料和工具。准备好竹片或轻质木块，以及小锯子、美工刀、直尺、手摇钻、快干胶水等工具。

（2）制作。

第一步，取一块轻质木块，用锯子等工具把它加工成长15厘米、宽2厘米、厚0.6厘米的木片（见图1）。

第二步，用直尺测量木块中心位置点。并用笔在中心位置点做一记号，然后在中心点两边约 1.0 厘米处画一条线 (见图 2)。

第三步，将画斜线的部分用美工刀削成斜面。用小锯子在画线的上下部分各锯出一条锯缝。要求左侧的上面锯缝“外低内高”，下面锯缝“外高内低”。右侧的上面锯缝“外高内低”，下面的锯缝“外低内高”。低端的一条锯缝深度为离开木片底面 0.2 毫米。用美工刀从左右两侧分别向中心位置的锯缝处削去多余木料（见图 3、图 4、图 5）。

第四步，在木块的中心位置用手摇钻打一个小孔（见图 6）。

图 1

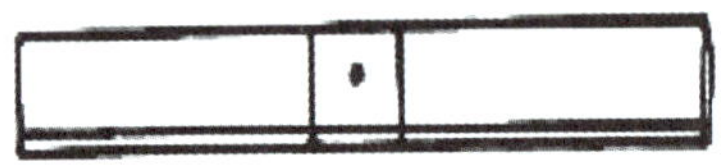

图 2

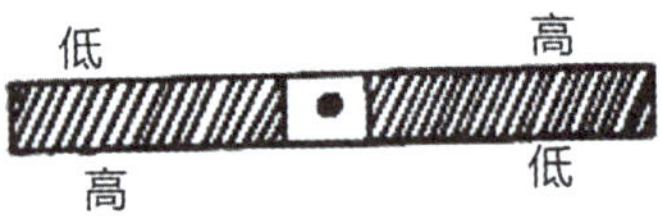

图 3

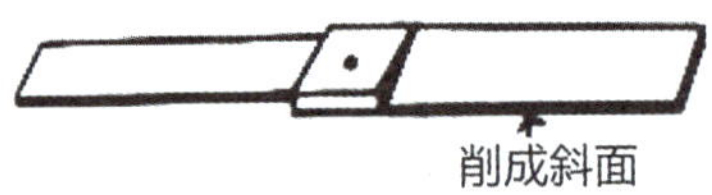

图 4

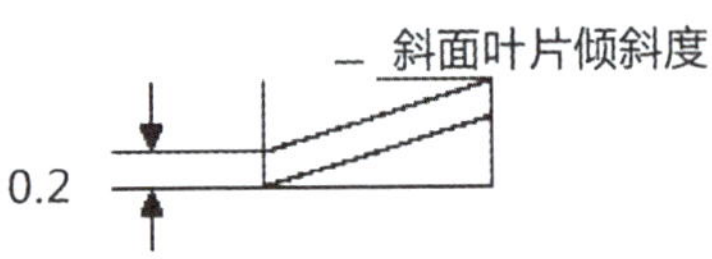

图 5

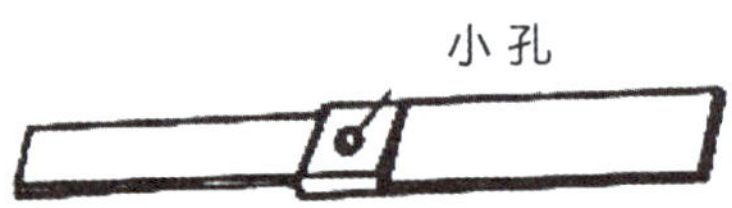

图 6

第五步，取一支长约 14 厘米的木棒，上端削成合适大小，涂上白胶后插入竹片中心孔中。一个惟妙惟肖的竹蜻蜓就制作成了（见图 7）。

2. 玩法

玩时双掌合十使劲搓动下端的竹棒，竹蜻蜓就可飞起来了（见图 8）。

要求参赛的竹蜻蜓必须是选手自己制作的。

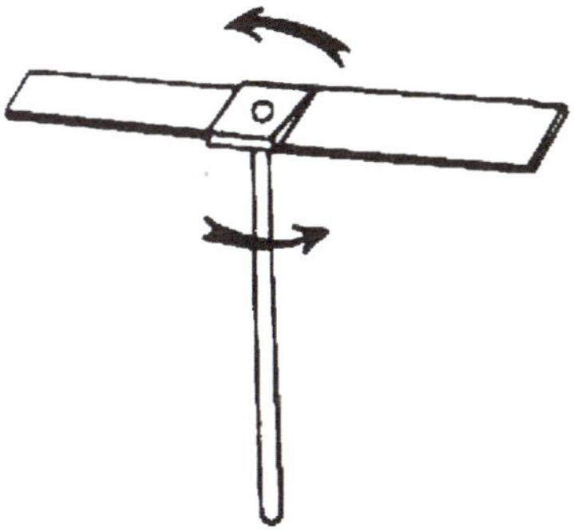

图7

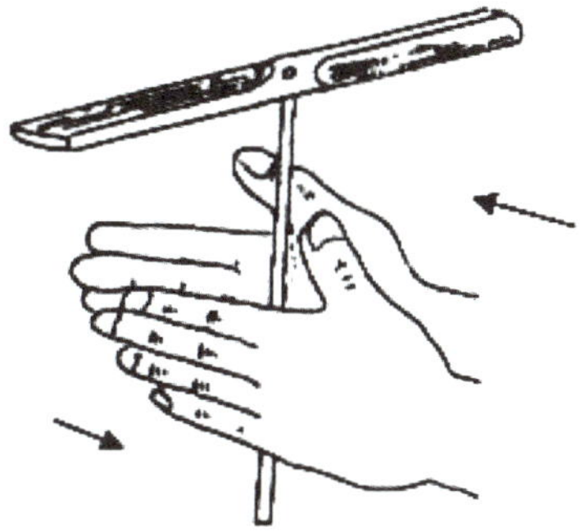

图8

游戏规则

(1) 自由飞行。先以抽签的方式决出顺序，然后每个参赛者轮流在规定时间内，随意进行表演；谁使竹蜻蜓飞得美观、飞得高、飞得时间长，谁就获胜，以此排定名次；还可以组成评委会进行评价。

(2) 飞行比赛。先以抽签的方式决出顺序，然后每个参赛者轮流进行飞行；谁使竹蜻蜓飞得高、飞得时间长，谁就获胜。与自由飞行不同，这个比赛不限定时间，而是以一次飞行的状况论胜负，或几次累计成绩定胜负。

游戏要求

(1) 人数一般以 3 ~ 6 人为宜。

(2) 自由飞行以 5 ~ 10 分钟为宜。

(3) 场地不限，室外野外均可，大小不限，视情况而定。

(4) 准备竹蜻蜓若干。

制纸风车

游戏渊源

纸风车是仿普通风车而制成的，早在两千多年前我国就已经利用古老的风车进行提水、灌溉和碾磨了；直到 12 世纪，欧洲的风车才迅速发展起来，并通过风车（相当于风力发动机）所利用的风能提水、供暖、制冷、航运和发电。我国古代的风车有着鲜明的特点，除卧式轮轴外，船帆式风帆也为中国所独有。纸风车制作的历史悠久，是一直延续到现代的儿童制作类游戏之一。制作纸风车不仅使人身心愉悦，情趣盎然，还可以增长见识。此游戏在 20 世纪 80 年代盛行于全国各地，但随着时代的变迁，已日渐式微。

这是一种培养少年儿童动手能力和提高对风动力作用认知能力的娱乐游戏。

游戏说明

纸风车是一种玩具，可以用纸或塑料胶片为材料制作；若用纸作为材料，则以纸质坚硬不易变形的材料为最佳。

1. 简易纸风车制作方法一

（1）原料：彩色纸（较厚）、大头针、竹签或小木棍。

（2）工具：剪刀、胶水。

（3）步骤：将彩色纸裁成正方形；将纸沿对角线对折，之后，再对折，然后展开；用剪刀分别从纸的四个角沿折痕（也就是两条对角线）剪开，切记不要全部剪开，只需剪四分之三；将剪开的四个角分别折向纸的中心点，用胶水固定住；将粘好的纸用一个大头针固定在竹签或小木棍上。

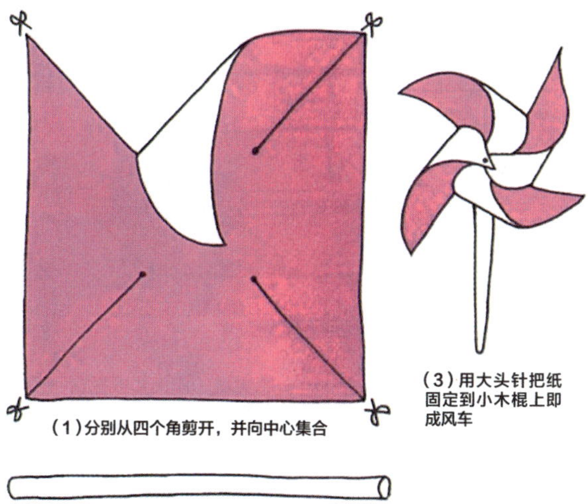

2. 简易纸风车制作方法二

(1) 原料：正方形的彩色纸（较厚）、大头针、竹签或小木棍（也可以用大吸管）。

(2) 工具：剪刀、胶水。

(3) 步骤：彩纸裁成正方形，正方形两边向中间折两折，变成一长方形；在长方形上再折成一个缩小的正方形；打开正方形，变成一个联体船；在联体船上折叠成一个风车；用图钉把风车中心固定在小木棍上。

(4) 注意事项：转轴尽量光滑，减小阻力，风车面积尽量大，纸质厚不变形最好。

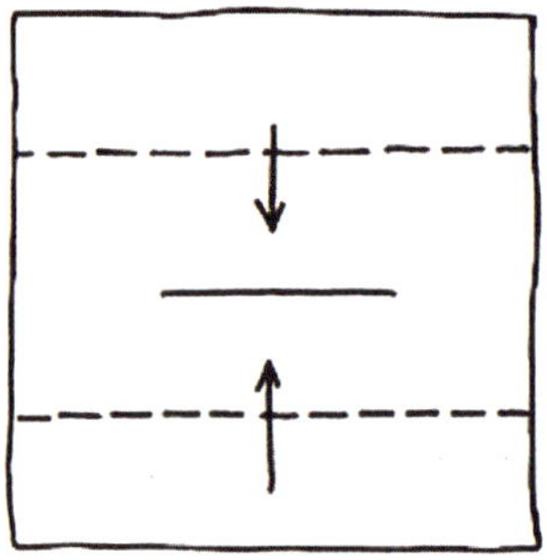

（1）两边向中心折

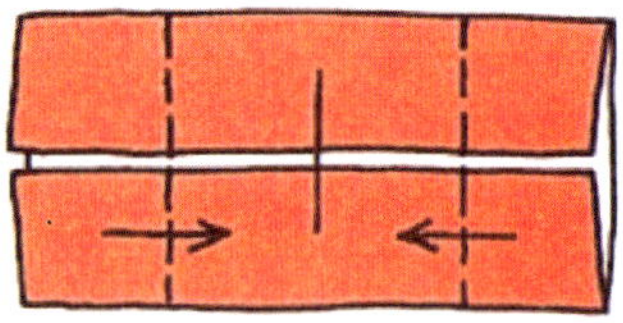

（2）两边向中心折

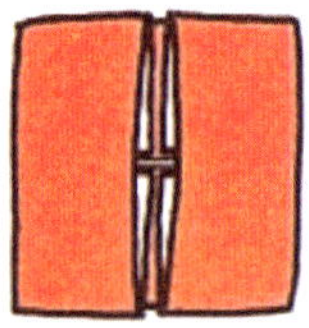

（3）按图 4 展开

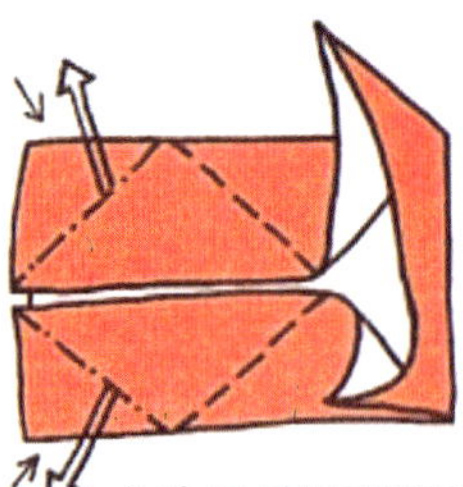

（4）沿虚线压折两角，拉开再折

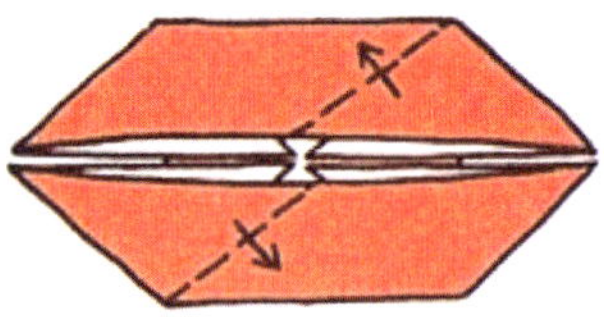

（5）沿虚线朝箭头方向折

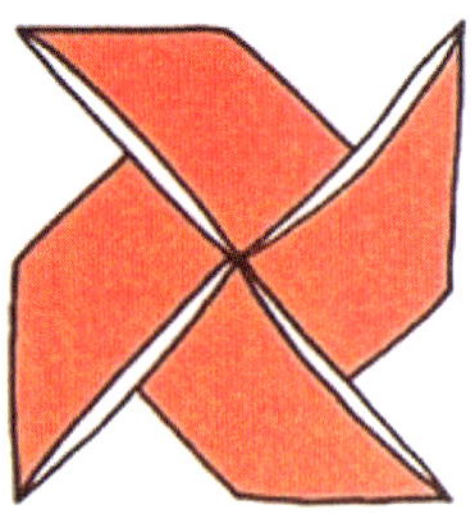

（6）完成（用大头针把它固定到细木棍上即成）

3. 葵花风车制作方法

（1）材料：卡纸、筷子、图钉。

（2）步骤：在纸板上剪一个直径 15 厘米的圆；圆上画自己喜欢的图案；圆的四周均匀剪开（虚线），沿实线折起，在中心钻一个小孔；用图钉固定到筷子上。

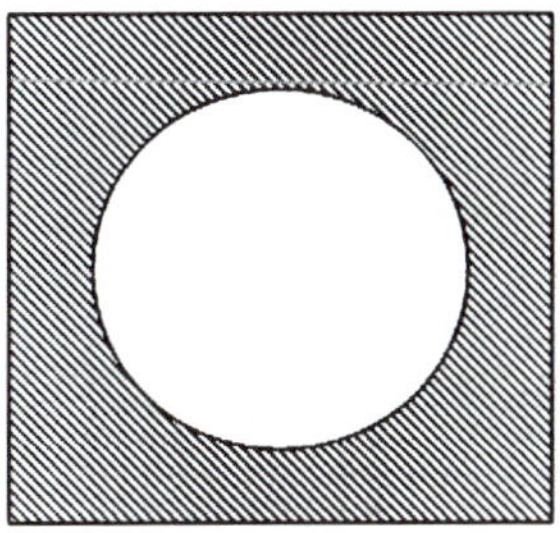

（1）

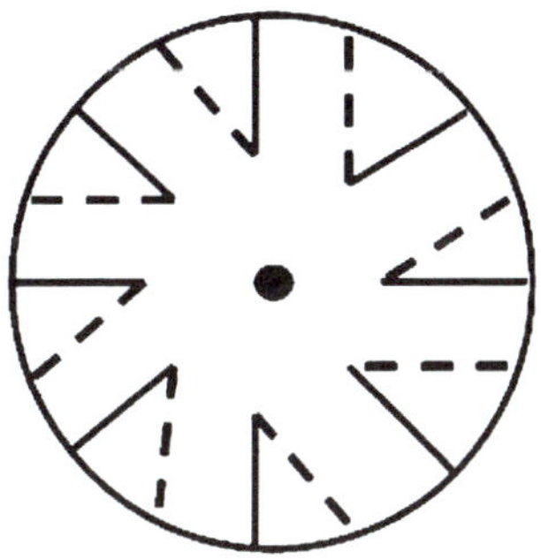

（2）

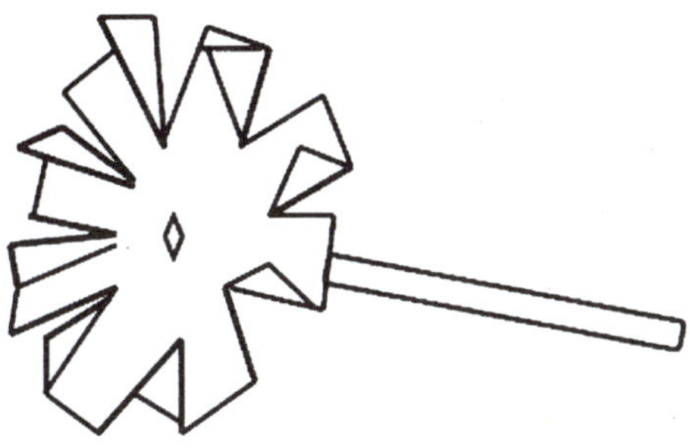

（3）

4. 十字风车的制作方法

（1）材料：卡纸、筷子、图钉。

（2）步骤：用两种颜色的蜡光纸剪成长条；用糨糊粘成纸圈；在纸圈中间钻洞；两个纸圈的小洞对齐，并用图钉固定到筷子上。

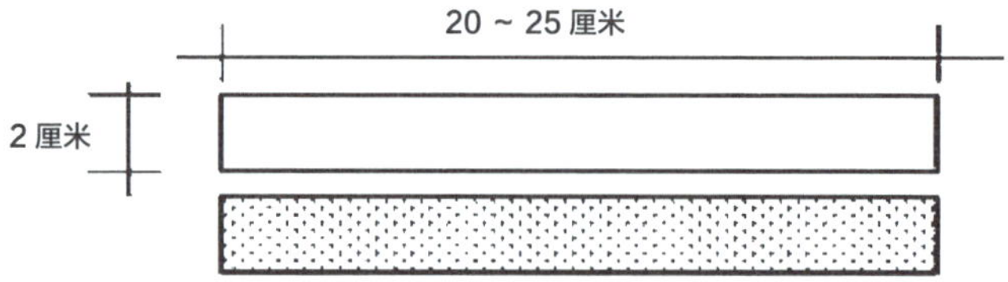

（1）

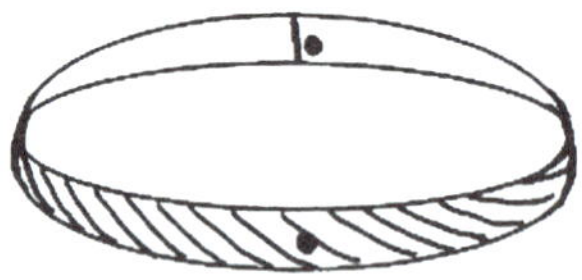

（2）

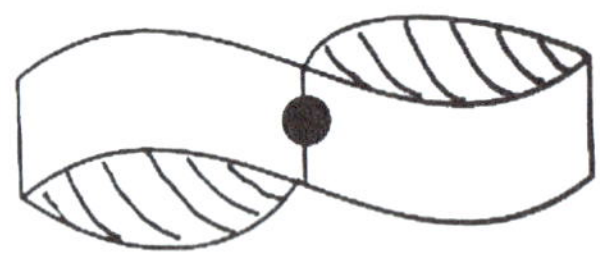

（3）

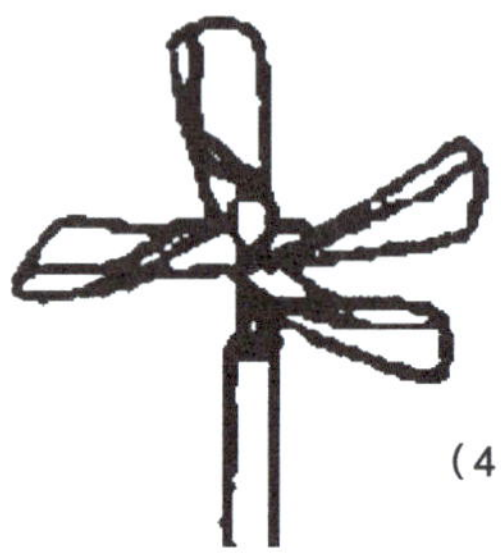

（4）

5. 旗帜风车的制作方法

（1）材料：卡纸、蜡光纸、筷子、图钉。

（2）步骤：用厚纸剪出一根长条，钻一小孔；用蜡光纸剪出小棋，涂上颜色，粘在长条纸的两侧；用图钉固定在筷子上。

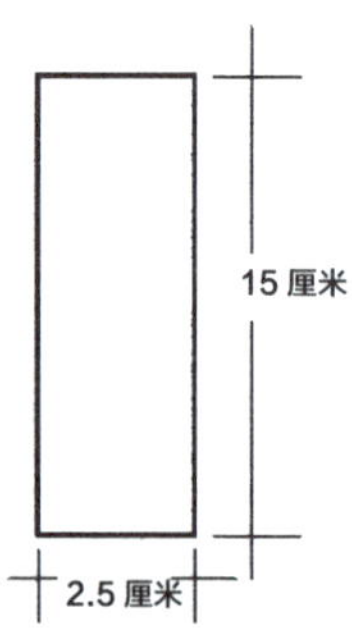

（1）

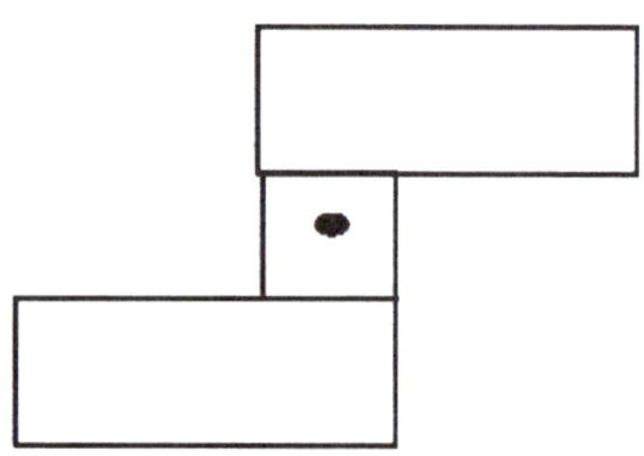

（2）

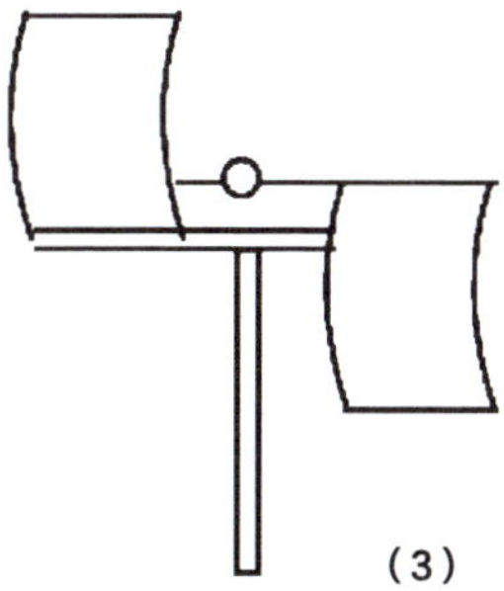

（3）

6. 纸杯风车的制作方法

（1）材料：一次性纸杯、饮料管、火柴杆。

（2）步骤：将纸杯壁均匀地剪开；将剪开部分沿斜向上 80° 折起；在纸杯底部钻一小孔，插入火柴杆，套上饮料管即可。

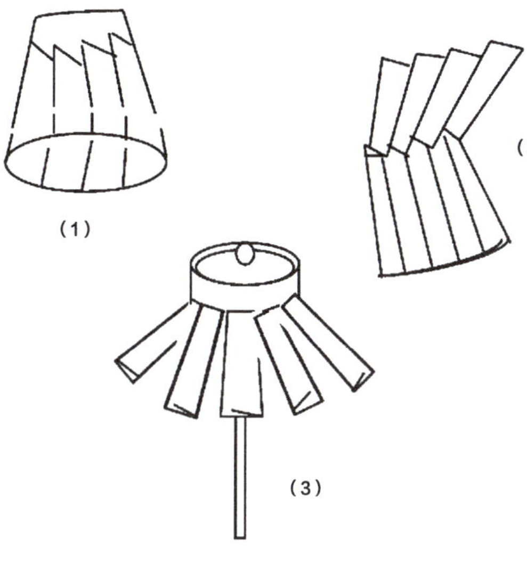

（1） （2） （3）

游戏规则

在相同规格纸质和工具基础上，进行纸风车制作比赛。

(1) 单项制作。选择上述一种制作方法，进行比赛，在规定时间内，看谁制作得又多又好，谁就获胜，以此排定名次。

(2) 混合制作。在规定时间内，制作两种以上风车，看谁制作得又多又好，谁就获胜，以此排定名次。

游戏要求

(1) 人数一般以 2 ~ 8 人为宜。

(2) 时间一般为 30 ~ 60 分钟。

(3) 室内室外均可，场地大小视情况而定。

(4) 制作工具以上述所列为准。

制风筝

游戏渊源

风筝起源于战国时期，在中国已有两千多年的历史。公输班就是后人所说的七巧匠鲁班或称“鲁班爷”，他制作的“鹊”或“鸢”，原材料是极薄的木片或竹片。汉朝以后，由于纸的发明和应用，风筝的制作才逐渐以纸代木，称为“纸鸢”。五代时，又在纸鸢上系竹哨，风吹竹哨，声如筝鸣，故称“风筝”。有着两千多年历史的风筝，一直受着中国传统文化的熏陶，融入了传统文化的元素，风筝上随处可见代表吉祥寓意的字样，例如“福寿双全”“龙凤呈祥”“百蝶闹春”“鲤鱼跳龙门”“麻姑献寿”“百鸟朝凤”“连年有余”“四季平安”等，无一不表现出人们对美好生活的向往和憧憬，制风筝、放风筝、玩耍风筝都应和着喜庆吉祥。细数我国传统文化众多的形式，大多在历史长河中湮灭了，唯独风筝游戏经久不衰，更加发扬光大：风筝制作越来越精美，样式越来越繁多，个头越来越庞大，不但国内玩，还玩出国门，不但业余玩，还成为职业玩法，是男女老幼“喜制乐玩”的游戏。每当春天来临，天空放晴，人们呼朋唤友或携老带幼，走到旷野上，将自己愉快的心情和风筝一起放飞在湛蓝的天空中……

这是一种培养和提高人们情操和动手制作能力的娱乐游戏。

游戏说明

风筝的种类繁多，制作也有一定难度，需要把握以下四点。

1. 对称

不论是扎制哪种风筝，均要求两侧对称。即风筝的两侧在形状、重量及软硬上均应一致，否则风筝不能起飞或飞起来也要倾向一侧，甚至栽跟头。扎制硬翅或软翅风筝，两侧的竹条基部常粗一些，而末端则稍细，两侧长短均应相等。为了达到均衡目的，最好准备一片竹条，用火烤造型后，刀劈两半，然后稍微加工修理，如此出于同一根竹篾的材料制作的左右两翅，其形状、大小必定一致。再在扎制好的风筝架上蒙上纸或绢，绘上图案，一只漂亮的风筝即制作完成了。当然，除了两侧大小、形状一致外，还要注意两侧的拉力也应一致。

2. 体轻

实践证明，同样的风筝，体轻者二级风即可起飞，反之则不能。因此，扎制风筝时，在不影响结构合理和造型美观的前提下，尽量少用竹条；

能用细竹条达到坚固的目的，也就不用粗竹条，从而减轻风筝的重量。另外，蒙皮尽量用轻而不透风的面料，彩绘也要用轻而透明的颜料，如品色、国画色、水彩颜料等，尽量少用重且粗的广告和油画颜料。

3. 风道

除上述两点外，还有一点同样重要，风筝两侧要有排风道。所谓排风道，即风筝的两侧各有一凹陷呈槽状的结构，此结构可将吹向风筝的风，从两侧分流泄出，如此形成左右两条“风带”。如两侧“风带”相等，它能挟制风筝直线上升而不偏飞，对风筝起着稳定的作用。最典型的例子是硬翅燕风筝，两侧有风道，也称风兜、风槽。这类风筝最易放飞，最易稳而爬高，道理即于此。软翅的鹰、燕等风筝，两侧翅膀蒙面时需松弛些，勿糊过紧，风吹后两翅下缘向背后凹陷即构成风道，可起稳定作用。板子类风筝同样也需要风道，否则加了尾坠也容易栽头，例如八卦、双鱼等板子类风筝，为了放飞更稳定，须将风筝两侧用绷线拉紧，使风筝前面拱起，成反张角，形成两侧风道。甚至菱形和矩形的风筝，两侧也要用绷线拉紧，使风筝前凸后凹呈弓形，如果两侧对称，不加尾坠也可起飞，可见风道的重要性。

4. 提线

风筝不爬高或扎头，调节提线常可解决，可见拴提线也很重要。风筝种类多种多样，提线拴法不一，有的只拴一根，有的数十根，有的甚至上百根。拴一根提线的常见于鹰、燕等软翅类及筒形风筝，拴数十根提线的常见于大型软体，其他大型风筝，一般常见的是 2 ～ 3 根提线；提线长度相当于体长或稍短些。不论提线多少，总的拴法是上提线要短于下提线；提起总纲上提线与风筝夹角，一般为 85° ～ 100°，其目的是使风筝有一定的仰角，容易起飞。角度还可以在试飞中再进一步调节。

游戏规则

参赛队员必须用自己制作的风筝进行比赛。

（1）在规定的时间和范围内进行放飞。

（2）每位参赛者在规定时间内放飞，看谁放的风筝高（相同高度则看远度）。

（3）必须在指定场地内完成。

（4）放飞过程中，如果风筝缠绕，则视为自动退出比赛。

（5）服从命令听指挥，不遵守纪律取消比赛成绩。

游戏要求

（1）人数一般以 2 ～ 10 人为宜。

（2）时间一般以 10 ～ 20 分钟为宜。

（3）场地以野外为宜，大小实地勘察，视情况而定。

（4）道具与器材为风筝等。

制纸飞机

游戏渊源

20世纪初，美国有一对兄弟，他们在世界飞机的发展史上做出了重大贡献，他们就是莱特兄弟。在当时，大多数人认为飞机不可能依靠自身动力飞行，而莱特兄弟却不相信这种结论。从1900年至1902年，兄弟俩进行了1000多次滑翔试飞，终于在1903年制造出了第一架依靠自身动力进行载人飞行的“飞行者一号”，并且试飞成功。这是人类在飞机发展史上取得的巨大成功，他们由此荣获美国国会荣誉奖。同年，他们创办了“莱特飞机公司”。1903年12月17日，莱特兄弟驾驶他们制造的飞行器进行了首次持续的、可操纵的飞行。这一天，莱特兄弟共试飞了3次，第一次飞行12秒，最长一次飞行59秒，行程约260米。1905年，他们又制造了世界上第一架实用飞机，该飞机能转弯、倾斜、做圆圈飞行和8字飞行，可持续航行半小时以上。从此，人类的航空事业揭开了崭新的一页。

飞机的发展只有一百年历史，折纸飞机的历史也不久远。人们喜欢飞机，喜欢坐上飞机翱翔天空，实现飞行的梦想；尤其少年儿童更是渴望能飞上天空，但在20世纪70年代以前，乘飞机还是少数人的事情。于是乎，少年儿童就折纸飞机，拿在手里一边奔跑，一边模仿真飞机的发动机声，想象着自己驾驶新式的飞机飞翔在蓝天上的情形；或者折叠好飞机后，大家站在一个起点向上向前扔，看谁的飞机飞得高飞得远。那个年代，少年们的纸飞机游戏玩的多么舒畅、多么自豪和多么快乐……此游戏20世纪80年代前还非常流行，经历过那个时代童年生活的人，现在回想起来还会滔滔不绝、津津乐道地谈论个中乐趣，随着时代的变迁，此游戏如今委实罕见了。

这是一种培养少年儿童动手制作能力和提高对飞行器认知水平的娱乐游戏。

游戏说明

纸飞机有许多种折叠法，下面介绍主要的三种折叠方法。

（1）折叠法一（见下图）：取一张长方形纸，对折；把两个角对折起来；如图再向里折一次；如图再对折；折翅膀；完成纸飞机。

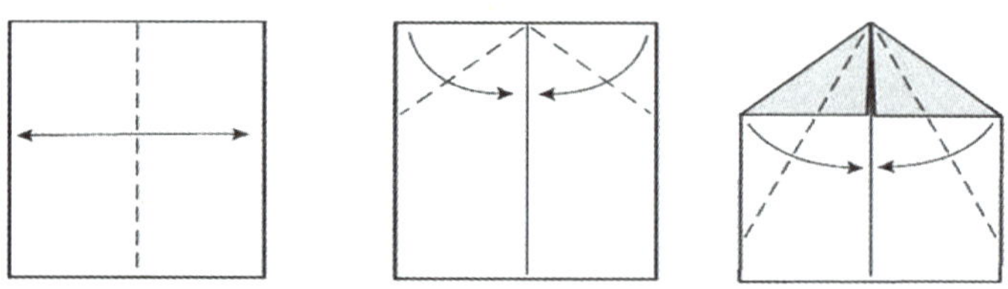

（1）　（2）　（3）

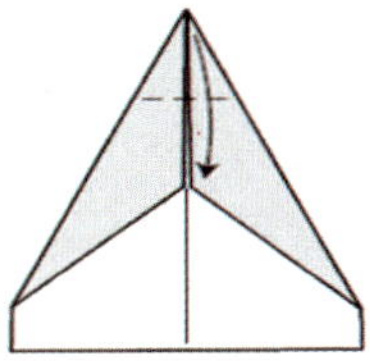
（4）

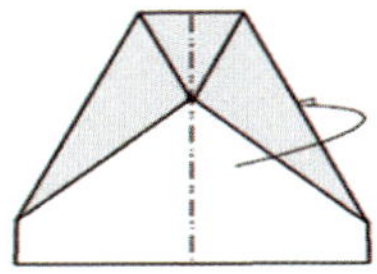
（5）

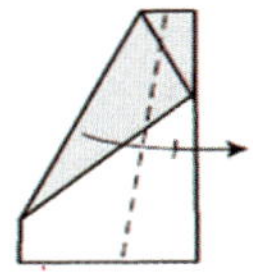
（6）

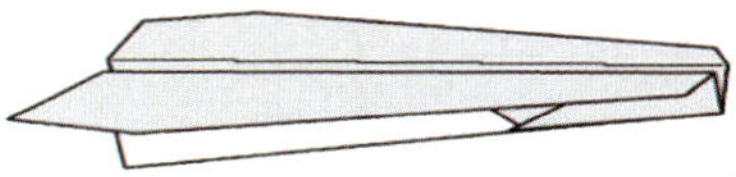
（7）

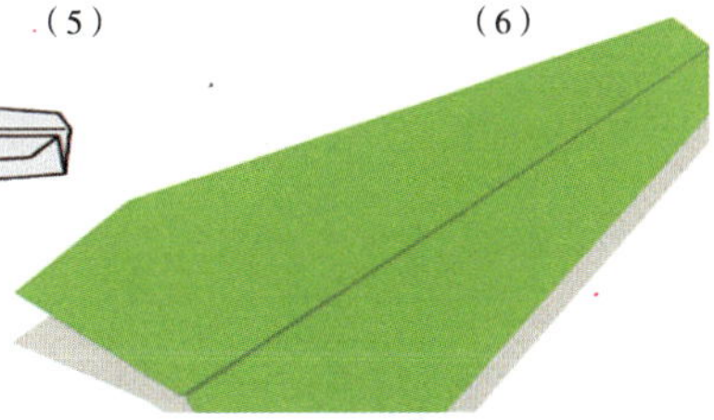

(2) 折叠法二（见下图）：取一张纸，对折展开；向左折四分之一；沿中点向斜下折叠；再向斜上折叠；形成的尖三角向左折；折成翅膀；形成完整飞机。

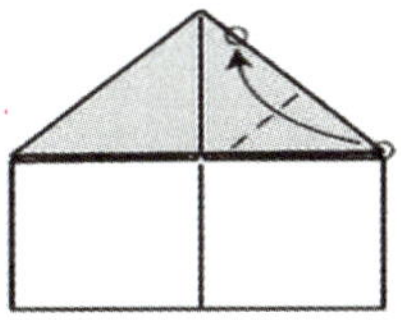
（1）

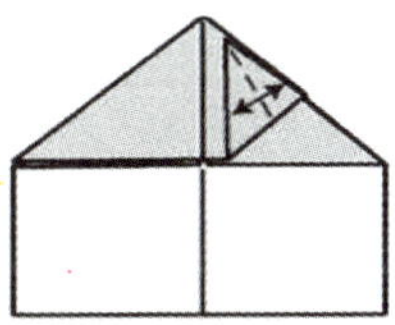
（2）

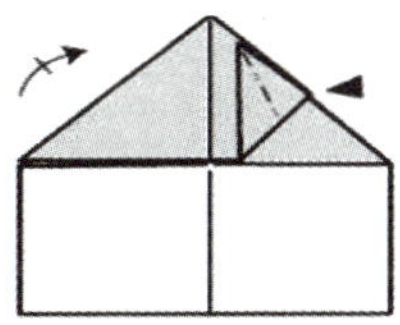
（3）

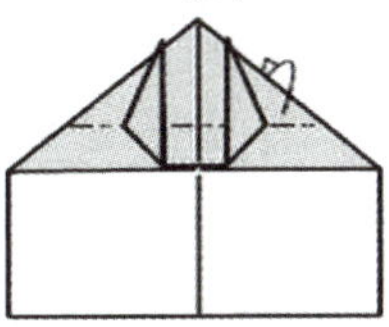
（4）

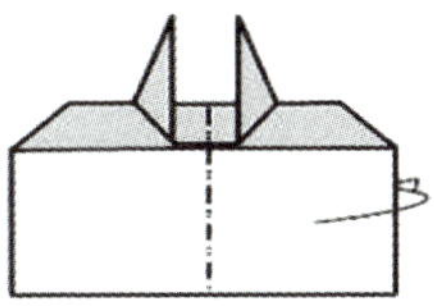
（5）

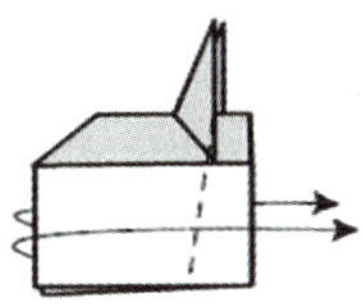
（6）

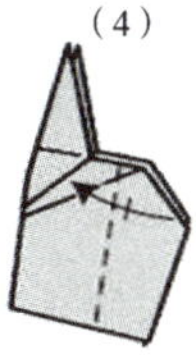
（7）

（8）

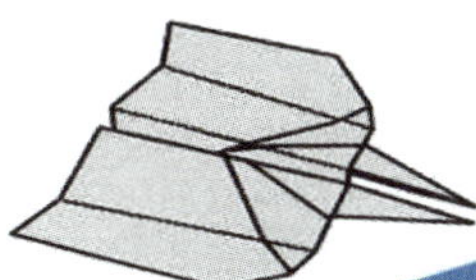
（9）

（3）折叠法三（见下图）：取一张纸，对折后展开；把前一半折成两个三角；取两个角再向上折；折成两个小三角形；然后再折机身；接着折机翼；完成折叠，飞机成形。

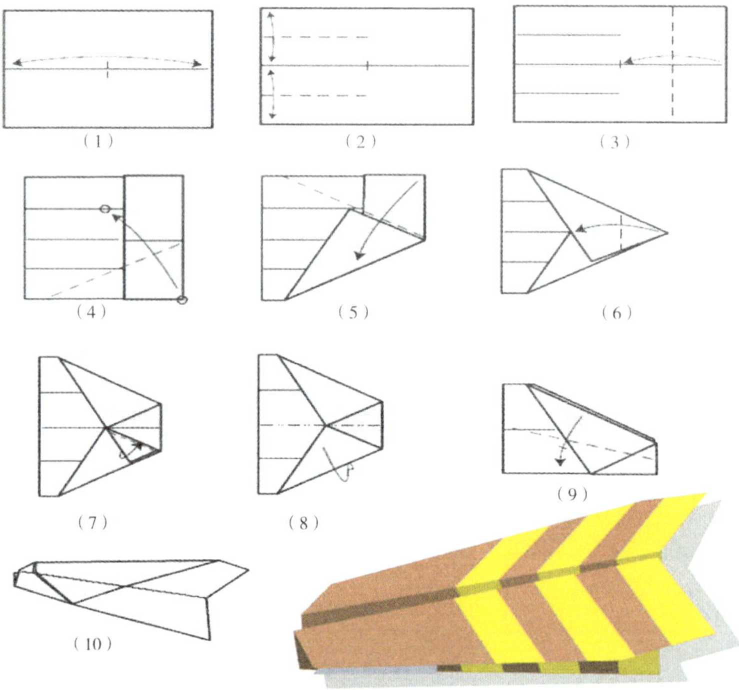

游戏规则

除纸张外，不需要任何工具就可以进行纸飞机叠制比赛。

（1）单项叠制。首先选择上述一种纸飞机样式，然后进行比赛，在规定时间内，看谁叠制的这种纸飞机又多又好，谁就获胜，以此排定名次。

（2）混合叠制。首先选择好两种或三种甚至更多的纸飞机样式，在规定时间内，叠制以上几种纸飞机，看谁叠制得又多又好，谁就获胜，以此排定名次。

游戏要求

(1) 人数一般以 2 ~ 8 人为宜。

(2) 时间一般 20 ~ 45 分钟。

(3) 场地不限，室内野外均可，大小视情况而定。

(4) 除纸张之外，无须其他道具与器材。

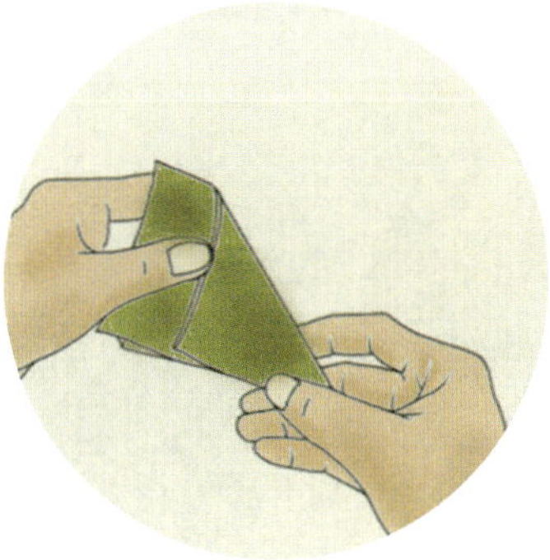

倭豆壳衣制船和戒子

游戏渊源

倭豆即蚕豆，蚕豆为什么叫倭豆呢？这与抗击倭寇有关。倭寇是指 13 世纪至 16 世纪期间，活跃于朝鲜半岛及中国大陆沿岸的海上入侵者。曾经被归于海盗，但实际上其抢掠对象并不是船只，而是陆上城市。这些海盗被抓获后一般报称自己为日本人，故此又把倭寇说为日本海盗，其实，历史上的倭寇来源众多、成分复杂。前期的倭寇，以日本人为主体，被称为真倭，称之倭寇是因为其通常身高矮小；由于日本国内政治形势转变，加上官府的管制，日本人出海抢掠船只的事件在 15 世纪后逐渐减少。因此后期的倭寇，则以中国人为主体，被称为假倭；这是因为贸易产业发展之需和朝廷海禁政策的束缚，使得来自中国和朝鲜的从事渔业、手工业、造船业、贸易等相关产业的人员转变成海盗实行武力报复，明朝廷则将之通通视为倭寇作乱。在倭寇势力最强盛时，他们的活动范围远至东亚各地，甚至内陆地区。倭寇曾无数次到东南沿海及舟山群岛进行烧杀抢掠，历史上也曾出现过戚继光、侯继高、任环、傅应嘉等抗倭名将；舟山人对倭寇痛心疾首，恨不能寝其皮食其肉，并将此仇恨转移发泄到春夏季节吃的蚕豆身上，因此蚕豆也有了倭豆之称。

倭豆壳的外形犹如一条仿古船，里面的豆子就似戒子（指）上镶嵌的一颗颗翠绿的宝石。每到吃新鲜倭豆的时节，生长在渔农村的孩子都难以忘怀那一幕情景：他们兴高采烈地将倭豆从壳内取出，把豆瓣从豆衣内挖出，魔术般地变成一只戒子，然后把戒子戴在手指上；把倭豆壳船放在水盆里或溪水上，带着自己的梦想，扬帆远航。该游戏在 20 世纪 80 年代前还比较流行，然而现在的孩子恐怕连蚕豆都不认识了，游戏则更是销声匿迹。

这是一种培养和提高少年儿童动手制作能力和爱国主义思想的娱乐游戏。

游戏说明

1. 制作倭豆壳船

（1）选取体形较大而饱满的倭豆壳（蚕豆荚）。

（2）从倭豆壳背部（即侧面上部）剖开，两头要稍微留一点，防止破裂；然后小心取出其中豆粒。

（3）取三根长 1 厘米左右的小棒将壳子前、中、后三个部位撑开，再取一根 5 厘米左右的小棒竖着绑在中间小棒上作桅杆；也可在竖杆上系上小布条作帆；一条仿古船就这样制成了。

（4）试航。将制好的倭豆壳船放在水盆里试试，如果能航行则正常，如果船儿翻了，则需要将船上的撑杆和桅杆调整一下。

2. 制作戒子

（1）取豆皮不老不嫩（顶上没有长豆乌子的豆子皮是嫩的，皮与豆瓣不能分离的豆子皮是老的）、颗粒饱满的倭豆。

（2）环状挖去倭豆两侧皮子，不可挖得太靠边，也不能挖得太朝中心。

（3）然后小心将内里的豆肉挖出。

（4）挖出来的豆瓣依然可以食用，留下的皮就是戒子。

游戏规则

可以进行单项比赛，也可以进行综合比赛。

（1）单项比赛。首先选择比赛的内容，是制作倭豆壳船还是制作戒子；要求参赛者必须自己选取材料，在规定的时间内，谁制作的玩具又多又好，谁就获胜，以此排定名次。

（2）综合比赛。要求参赛者自己选取 10 个倭豆壳（蚕豆荚），在规定的时间内，完成 10 条船和 10 个戒子的任务，谁制作的玩具又快又好，谁就获胜，以此排定名次。

游戏要求

（1）人数一般以 3 ～ 10 人为宜。

（2）时间一般以 25 ～ 45 分钟为宜。

（3）场地不限，室内野外均可，场地大小视情况而定。

（4）道具与器材，除了倭豆（包括豆荚）之外，还需小棒、布条、剪刀、针、线等制作工具。

麦秆制作哨子

游戏渊源

麦子是我国的主粮之一，种植范围广大，南北方皆适宜，就连地处偏僻的舟山地区的各小岛，种植麦子的历史也不短，麦子的适应性是其他许多农作物无法比拟的。麦子磨成粉是制作各种副食品的重要原料，不仅如此，就连麦秆也有很高的利用价值，麦秆画、麦秆编织的工艺品以及麦秆制作的各种儿童玩具都非常独特，招人喜爱。麦秆制成的哨子其实是很有代表性的一种儿童玩具。阳光明媚，春暖花开，走在蜂飞蝶舞的田野上，捏着麦秆制成的翠绿色的小哨子，“嘀溜嘀溜”地吹起来，这清脆嘹亮的哨声应和着蓝天白云，那份悠扬和闲适，能让人真正融入春日桃花源之中。当然，这别有一番风味的麦哨儿一点都不逊于高价购买的现代电动玩具，孩子们常常可以玩上半天。到了夏天麦子收割的季节，每个孩子的口袋里常常插着麦秆哨，长长短短、大大小小的总有许多。有时大伙儿三五成群地坐在一起，拿出麦秆比试做哨子，看谁制得又快又好；而且还要比赛谁的哨子吹得响亮，能吹出音乐的节奏。20 世纪 80 年代以后，海岛上很少种麦子了，麦秆玩具和哨子原料也失去了来源，其制作工艺也失去了传承。

这是一个培养儿童动手制作能力和对音乐的兴趣、提高综合素质的娱乐游戏。

游戏说明

游戏目的在于探索麦秆哨子的制作方法，提高注意力和观察能力，激发儿童探索和了解哨子发出声音的奥秘；儿童通过独立制作，体验成功的愉悦。

制作方法：一节麦子如果两头都实心，或者两头都空心，那么麦节都不会发音。因此，挑选好一段结实的麦秆，去掉一个节，使一端成空心状，再在麦秆上细心地开裂一条细缝，然后从空心的一端吹一吹，若能发出声音来，一个麦哨就算做成了。

游戏规则

制作麦秆哨子比赛可分两个阶段来进行。

（1）制作阶段。各参赛者准备好麦秆。比赛开始令下达后，即在规定的时间内制作若干麦秆哨子，看谁制作的哨子数量多。但此阶段还不能确定获胜对象，还需要经过质检。

（2）质检阶段。各参赛者轮流吹自己制作的哨子，谁制作的能吹出声音的哨子数量多，谁就是获胜者，以此排定名次。

游戏要求

（1）人数一般以 3 ～ 10 人为宜。

（2）时间一般以 20 ～ 30 分钟为宜。

（3）场地不限，室内野外均可，场地大小视实际情况而定。

（4）道具与器材，除麦秆外，需要一把剪刀与小刀。

高粱秆制昆虫笼子等玩具

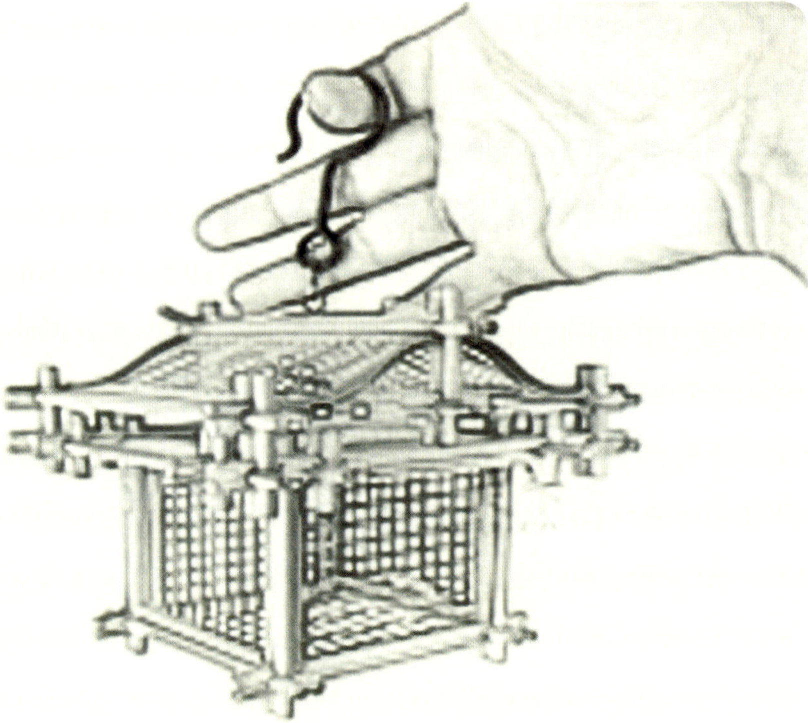

游戏渊源

高粱是我国最早栽培的禾谷类作物之一，有关出土的文物及农史书籍记载证明，高粱的栽培历史最短也有 5000 年。《本草纲目》中记载：“蜀黍北地种之，以备粮缺，余及牛马，盖栽培已有四千九百年。”高粱属禾本科，一年生草本植物，秆心实，中心有髓，分蘖或分枝，圆锥花序，穗形有带状和锤状两类，分为食用高粱、糖用高粱、帚用高粱等，在我国种植很广，连地处东海边陲的舟山地区的各岛屿也有小范围的种植。每当高粱收割时节，孩子们都会蜂拥而至，围绕着高粱转，他们不为别的，就想用高粱秆制作他们热衷的各种玩具。譬如，用高粱秆制作出一副漂亮的“眼镜”，很斯文地戴在脸上；用高粱秆制作出木工器具，然后手里提着高粱秆“起子”，像木工师傅那样这儿“钻孔”、那儿“打洞”；用高粱秆制作一架“琴儿”，席地而坐，弹奏出欢快的“音乐”；用高粱秆制作“灯笼”，煞有介事地提着；用高粱秆做成一个个小笼子，用来囚禁知了、蚱蜢等昆虫……孩子们凭借自己的想象力，快乐地制作着玩具，又利用这些玩具快乐地玩耍着。这些20世纪80年代前盛行的游戏，在塑料玩具和电动玩具的冲击下，已渐渐看不见了；另外还有一个重要原因，那就是城市化的进程中我国乡村范围越来越小，种植高粱的地方也越来越少，随着原材料的缺失，这种玩具就更失去了市场。

这是一个发展和提高少年儿童动手能力、思维能力和想象能力的娱乐游戏。

游戏说明

利用高粱秆可以制作许多玩具，例如：昆虫笼子、眼镜、灯笼、起子、瑶琴、房子、筏子、小车子等。下面选取三种简单易行的玩具制作方法介绍给大家。

1. 昆虫笼子制作

先截取8根高粱秆，把秆皮一丝丝地剥去，剥下的皮留用，然后将8根高粱秆凑成一个立方体，用高粱秆皮把每根秆子缠牢固定妥；接着用高粱秆皮将底面及立方体的四边连接起来，可采用栅栏式；最后制作一个盖子，用细绳子拴在笼子上。笼子的尺寸大小可自定。当然，这只是最简易的昆虫笼子，手巧者能做出更复杂、更漂亮的。

2. 眼镜制作

选用一根高粱秆，剥去上面的皮子留用，然后截取6段高1厘米的剥皮高粱秆作为各部件连接之用；接着截取两段高粱秆皮做圆镜框、两段做夹耳的架子；最后将各框架连接起来，一副漂亮的眼镜就制作完成了。

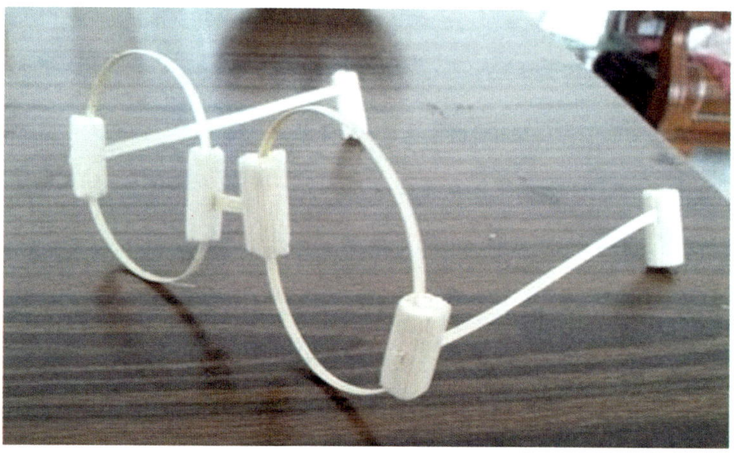

3. 小灯笼制作一

(1) 选用一根长高粱秆儿，把上面皮子一丝一丝剥开，不能全部剥下，要留一截在秆子上，然后把剥下的一丝一丝的高粱秆皮再插入秆芯上。

(2) 将 12 ~ 18 个圆环绑扎在一起，并安上提手柄，这样，一个简易的小灯笼就做成了。

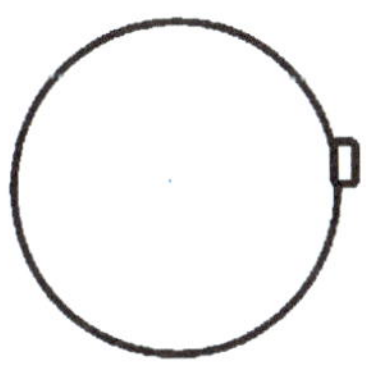

(1)

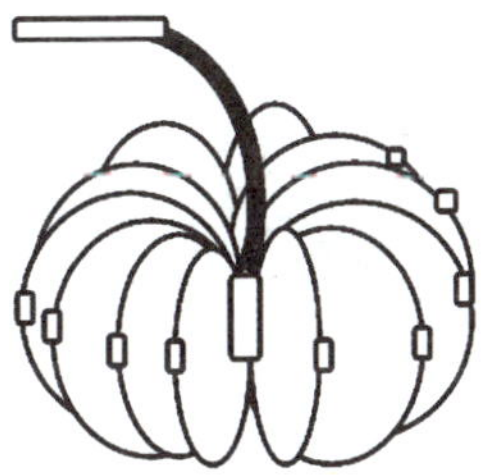

(2)

(3)

4. 小灯笼制作二

(1) 先制作灯架的骨条。根据设计灯笼的大小，把事先准备好的高粱秆截成等长的高度，放在水里浸泡三两天，然后捞上来，剥去秆上的叶子，用篦刀把高粱秆分成四瓣，放在场院里用石磙碾压几遍，使其平展。再用篦刀把秸秆的每瓣分成宽窄大致相等的二、三、四等分，劈瓣刮瓤，留其骨皮备用。

(2) 编灯笼骨架。起头是用 8 根篾子别成一个圆口。这里指一般孩子挑的小灯笼，大的灯笼可以用 12、16 或者更多根。别出一两个空格时加上一道箍。小灯笼有两至三道箍，大灯笼也可以用四五道箍。最后收口，把骨条窝起来变成开头的圆口状，整个编灯笼骨架的工序就算完成了。

(3) 糊灯笼。先按照灯笼的长宽大小，裁出比灯笼骨架腰围略大一点

的长方形白纸，白纸越白越透光越好。再根据自己的想法往白纸上涂抹粉红、大红或朱红的颜色，晾干，摊放在一块平板上，纸的接头处抹上细细的一层糨糊。把抹上糨糊的灯笼骨架放到上面一卷，红纸就粘在了骨架上，两头自然收拢，纸张折叠处粘上事先剪好的绿纸条作为装饰。

（4）刷油。裱好灯笼纸后还要用毛刷子蘸着温油把灯笼刷一两遍，这样能使整个灯笼油光发亮，显得特别漂亮，夜里点上也更亮堂。

当然，更复杂而美观的灯笼制作需要更加高超的技艺和创新能力。

游戏规则

用高粱秆制作各种玩具，各参赛者选取的材料和工具需要自备。

（1）单项制作比赛。首先确定选择制作一种玩具作为比赛内容，看谁在规定时间内，所制作的玩具又快又好。好的评价标准：一看是否牢固，二看是否美观。

（2）多项制作比赛。首先选妥制作几种玩具作为比赛内容，看谁在规定时间内，所制作的玩具又多又好。好的评价标准同单项制作比赛标准。

(3) 创新制作比赛。这项比赛的内容由参赛选手自定，看谁在规定时间内，所创新制作的玩具又快又好。好的评价标准：一是看创新性，二看牢固性，三看美观性。

游戏要求

(1) 人数一般以 3 ~ 7 人为宜。

(2) 时间一般以 20 ~ 45 分钟为宜。

(3) 场地不限，室内野外均可，场地大小视情况而定。

(4) 道具与器材主要为菜刀、剪刀、细绳等。

制纸青蛙

游戏渊源

青蛙是两栖类动物，最原始的青蛙在三叠纪早期就开始进化，最早能跳跃的青蛙出现在侏罗纪。现代青蛙头上有两只圆而突出的眼睛，一张又宽又大的嘴，舌头很长，背上是绿且带有深褐色的条纹，腹部为白色；青蛙有四条腿，前腿短，后腿长，脚趾间有蹼。作为两栖动物的青蛙既能在地上跳，也能在水里游；不时发出“呱呱”的叫声，雄的叫声更是嘹亮。春天里，青蛙在水草上产卵，卵慢慢地变成蝌蚪。黑黑的蝌蚪，圆圆的身，带着一条长尾巴。小蝌蚪一天天长大，先长出后腿，再长出前腿，尾巴渐渐缩短退化，最后变成了青蛙。大家都知道青蛙是捉害虫的能手，捕捉害虫全靠它那长长的舌头。青蛙的舌根长在口腔的前面，舌尖向里且分叉，上面有许多黏液，只要小飞虫从身边飞过，就猛地往上一跳，张开大嘴，快速地伸出长长的舌头，一下就把害虫吃掉。青蛙是人类的朋友，更是孩子们喜爱的动物，折纸青蛙的游戏自然受孩子们欢迎。以前，孩子们放学后会各自拿出作业纸、旧课本，或者找到各种各样的纸张来折成青蛙，折好了，大家比试谁的青蛙跳得远、跳得高，有时还会忘情地哈哈大笑，仿佛不是在玩纸青蛙，而是自己变成了大青蛙，玩得很是开心。但是，随着时代的变迁，现在已很少有人再玩这种游戏了。

这是一个提高儿童动手制作技能和培养对青蛙认知的娱乐游戏。

游戏说明

折纸青蛙的纸最好用绿色。纸青蛙有多种折法，现介绍如下。

（1）纸青蛙折法一。先用一张正方形的纸将两边对折；把两个角向中间一条线折叠成如下图步骤（4）的三角形；将三角形一面的两角沿着虚线向上折，形成步骤（5）的形状；沿着步骤（5）所示的虚线将三角形另一面的两角向后折，一个青蛙就形成了；若再画上眼睛，就更加栩栩如生。

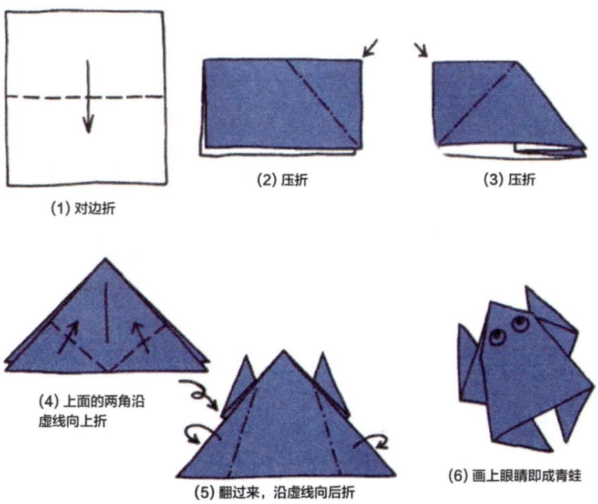
(1) 对边折　(2) 压折　(3) 压折
(4) 上面的两角沿虚线向上折　(5) 翻过来，沿虚线向后折　(6) 画上眼睛即成青蛙

（2）纸青蛙折法二。此折法按以下图示折叠。

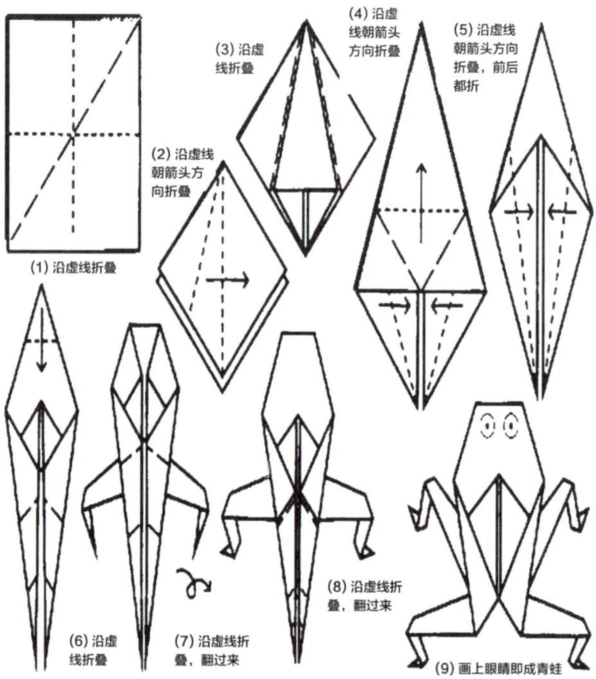

（3）纸青蛙折法三。准备一张长宽均为 15 厘米的正方形彩色纸，按以下步骤折叠。

反面朝上，向左对边折	向下对边折	第 1、2 层向上对边折	展开将上半部对角折压出折痕	上半部按折痕折成三角形，下半部向上对折

(6) 左右对折，压出折痕

(7) 除上部上层三角形外，下部均向中心线折

(8) 三角形两角向上折为前肢，下半部向上对折

(9) 两角向下折压出折痕

(10) 下半部打开沿折痕向两侧压折

(11) 将两侧角向下折

(12) 两角向外折成后肢

(13) 将下部向上折

(14) 取中心线，再向下

背朝上，画上眼睛

游戏规则

各参赛者准备好纸张与工具。

（1）单项制作比赛。选用一种制作法作为比赛内容，看谁在规定时间内制作的玩具又快又好，以此排定名次；好的评价标准是看它是否美观。

（2）多项制作比赛。选妥几种制作法作为比赛内容，看谁在规定时间内制作的玩具又多又好，以此排定名次；好的评价标准是同单项制作比赛。

游戏要求

（1）人数一般以 3 ～ 7 人为宜。

（2）时间一般以 20 ～ 45 分钟为宜。

（3）场地不限，室内野外均可，场地大小视情况而定。

（4）准备纸张和剪刀等材料和工具。

制竹枪与水枪

游戏渊源

枪是一种兵器，古时候的枪不会射击，只能刺伤杀人，诸如杨家枪、红缨枪之类。近代的枪则指能够发射子弹的兵器，如步枪、手枪、冲锋枪、机关枪等。制造现代枪支的历史并不长，不过一百余年。在 20 世纪 80 年代之前，每当沙朴树的果子成熟时，在舟山群岛地区的街头巷尾、村里村外便会响起炒蚕豆似的响声，这是孩子们在玩竹枪，“噼里啪啦”的声音就是竹枪发射子弹的声音。他们用竹子制枪筒，以沙朴树果为子弹；一个村子的孩子往往分成两大阵营互相开战。当然，游戏者多以男孩子为主，女孩子偶尔也会参与其中。战场上“枪林弹雨”“硝烟弥漫”，对阵打仗互相冲杀，“枪弹声”“喊杀声”此起彼伏，双方往往杀得难解难分……孩子们热血沸腾、大快朵颐、快乐无比，他们不仅能制造单发的“步枪”，还能造出连发的“机关枪”。不过竹枪射程有 8 ~ 20 米，具有一定的杀伤力，也有一定的危害性，尤其打到人眼睛时，那可不是闹着玩儿的事。在没有子弹的时候，孩子们还会制作水枪。水枪比竹枪制作简单，危害性也小，孩子们拿它来玩，看谁喷得高、喷得远，有时还会相互对射，水洒得人浑身湿漉漉的，他们不但不恼，反而开怀大笑。但是，随着时代的变迁，该游戏已渐渐消失，即使偶尔见之，也属凤毛麟角、十分罕见了。

这是一个培养和提高少年儿童动手制作能力和目测能力的娱乐游戏。

游戏说明

1. 竹枪制作

（1）单发长枪。截一段小竹管做枪管，枪管大小以沙朴树果能塞入为宜；再取一段竹枝做枪芯，也即撞针，大小以插入枪管为宜。用沙朴树果做子弹，塞入枪管中，用枪芯去捅，竹枪就会发出“砰”的声音，并同时发射出去，一般射程为 8 ~ 20 米，具有一定的杀伤力。枪管不宜过长，通常以 25 厘米为宜；枪管须要

求一端大，另一端稍微小一些，枪芯要比枪管长一些，长出的部分可做握手把，套入一段竹管，这段竹管大小跟枪管同；用沙朴树果做子弹大小要与枪管一样，避免大了无法塞入枪管，小的无法射出去，打竹枪全凭手感。

(2) 机关枪。机关枪的制作法与单发长枪基本相同，所不同的是，它不用一颗颗上子弹。机关枪是用一个盒子装子弹，可借用“百雀灵”面霜的铁盒子，也可以用与此形状大小类似的东西。在枪管三分之一处挖一小孔，大小以沙朴树果能漏下去为准，在盒子底部也挖一与枪管大小的洞，两相吻合；再在盒子底小孔两侧各钻两个小洞，用细铁丝固定在枪管上；盒子里装上子弹，就可以射击了。竹机关枪打得准否也全凭手感。

2. 水枪制作

制水枪的竹管要比做竹枪的大些；也可用做扫帚竿的毛竹脑来做，但一端要有节，在竹节的中心钻一小孔；枪芯可用竹筷子，或用类似的竹竿或木棒，但一端要用布包裹，紧松以塞入枪管为准，可以稍微紧一些；枪芯塞入枪管浸到水里往外抽，就吸进了水，然后朝前推出，水就从小孔里喷射而出，喷射的原理跟针管（注射器）一样。水枪没有准星，打水枪全凭手感。

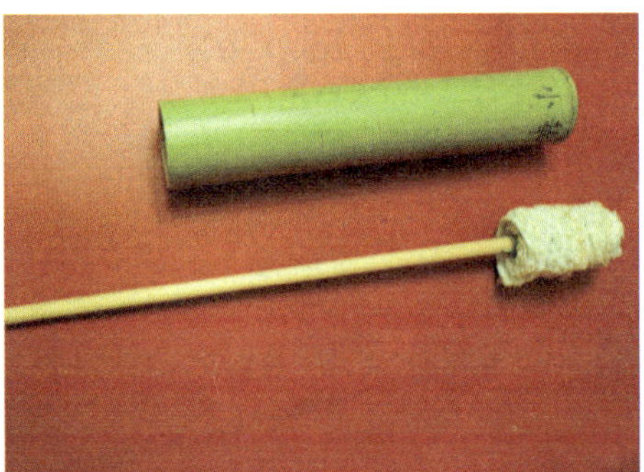

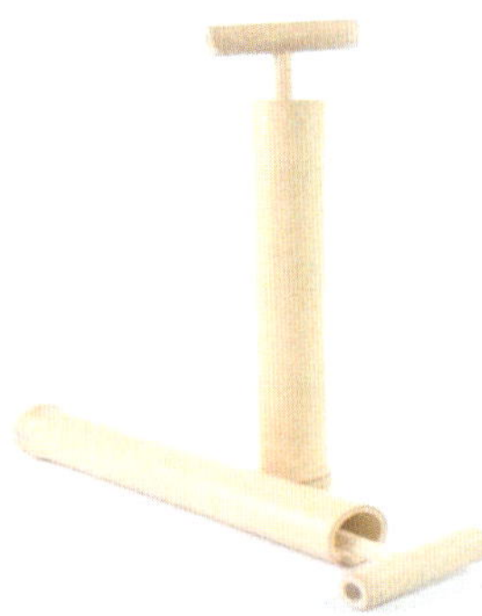

游戏规则

竹枪与水枪射击比赛，所有参赛者都要自制竹枪和水枪。

1. 竹枪射击比赛

(1) 单射。单射可设 8 米、12 米、15 米不同距离的靶，靶面用白纸糊成便于辨别，一律设 6 环、7 环、8 环、9 环、10 环。每个参赛者每靶配 10 发子弹，每人一个靶，比赛开始同时射击；可设单靶成绩，也可设总成绩，谁成绩好谁就获胜，以此排定名次。

(2) 连射。连射可设 8 米、15 米不同距离的靶，靶面用白纸糊成便于辨别，靶子不设环数，每个参赛者配发一盒子弹，每人一个靶，比赛开始同时射击，以命中率计成绩，可设单靶成绩，也可设双靶总成绩，谁成绩好谁就获胜。

2. 水枪射击比赛

(1) 射远。每个参赛者吸满一管水，站在起点线上，用抽签的方式决出顺序，轮流进行射击，谁射击的距离远，谁就获胜，以此排定名次。计算成绩看水迹，一般有两种水迹，远距离和近距离，用远距离和近距离之和除以 2 来计算射程。

(2) 射高。每个参赛者吸满一管水，站在起点上，比赛开始同时向空中斜着射击，谁射得高，谁就获胜，以此排定名次。计算成绩以目测为准。

游戏要求

(1) 人数以 2 ~ 6 人为宜。

(2) 时间不限。

(3) 场地不限，室外野外均可，场地大小视情况而定。

(4) 道具与器材为竹枪、水枪、靶子、皮尺等。

泡桐树枝制哨子喇叭

游戏渊源

泡桐树皮呈灰色，幼树皮光滑但皮孔明显，大树逐渐纵裂，叶枝稀疏树冠呈锥状或伞状。我国泡桐树天然类型很多，包括野生类型与半野生类型，据有关部门初步调查，有九个品种和两个变种，是世界上泡桐树种源分布数量最多的国家。舟山群岛地区的泡桐属南方泡桐种。我清楚地记得小时候制哨子和喇叭的趣事，只有成人食指般粗细的泡桐树枝往往是被大人们砍下来捆杂在柴火中间的。孩子们则利用空闲的时间，在柴捆中间找泡桐树枝，用砍刀砍下其中一小段制作哨子。用泡桐树枝制成的哨子或喇叭，捏着凑在嘴边，吹出“呜啦、呜啦”的声音，往往吸引一大帮孩子前来观看，他们先是羡慕，而后也会请教和仿效，于是一传十、十传百地传遍整个村庄。后来，会制作和吹奏的孩子越来越多，于是就衍化出吹奏比赛，看谁吹得响亮。要吹得响亮，不仅哨子要做得好，还要看人气息的长短、肺活量的大小。不会做哨子和喇叭的孩子就缠住大人教他，聪明的很快就学会了，有的孩子就是学不会，即使做出来也只是个哑哨。这是一个很有趣、很长见识的娱乐游戏，然而随着时代的变迁，传统的木柴改用煤气，自然没了泡桐原材料，哨子、喇叭也无法做了，到 20 世纪 80 年代以后，这种玩具制作技艺也就渐渐消失了。

这是一个培养提高少年儿童动手制作能力和音乐兴趣的娱乐游戏。

游戏说明

制哨子或喇叭的材料是泡桐树枝，粗细如成人食指。首先，截取一段长约 10 厘米的泡桐树枝，从中将树芯取出，留下的树皮就可制作哨子和喇叭了。

（1）制作哨子。工序比较简单。在树皮上开裂一条缝，嘴对着空节吹就能发出声音。它的原理跟麦秆做哨子是相同的，必须要一端空心一端有节，才能吹出声音。

（2）制作喇叭。制作该玩具的工序比较复杂一些。它要用多节的泡桐树枝，一节套一节地连在一起，且一节要比一节大，然后在树皮上挖八个孔，形状有点像唢呐，吹时按住小孔才能像喇叭一样吹奏。

游戏规则

所有参赛用的泡桐树哨子和喇叭都要求自制自备。

(1) 吹哨子比赛。首先以抽签的方式决出顺序，然后轮流吹哨子；看谁吹得响亮，吹得时间长，谁就胜出，以此排定名次。

(2) 吹喇叭比赛。首先以抽签的方式决出顺序，然后轮流吹喇叭，看谁能吹奏出完整和优美的曲子，谁就胜出，以此排定名次。

游戏要求

(1) 一般以 3 ~ 6 人为宜。

(2) 时间不限。

(3) 场地不限，室内野外均可，大小视情况而定。

(4) 除泡桐树哨子和喇叭外无须其他道具与器材。

手绢叠老鼠

游戏渊源

老鼠是啮齿类动物，体态有大有小，种类繁多，据统计有450余种；繁殖快，生命力极强，几乎什么都吃，在任何地方都能住，会打洞、会爬树、会游泳，而且糟蹋粮食、传播疾病，对人类危害极大。“过街老鼠，人人喊打”这句俗语就表明了人们对老鼠的憎恶。古时候人们对老鼠相当畏惧，同时，古人对自己畏惧的东西普遍采取“敬而远之”的态度，于是在这些事物前冠以“老”字，以表示敬畏和不得罪的意思。有些地方因为迷信，在说老鼠时，往往不敢直呼其名而呼以“耗子”等。不过老鼠也有让人喜欢的一面，尤其赢得孩子们的喜爱。它们灵活聪明、活泼可爱，并且在中国传统的十二生肖中名列前茅。以前，孩子们经常缠住大人，让家长教他们用手绢叠老鼠。用手绢叠成一只老鼠，再把这只“老鼠”放在拇指和食指之间，用手指轻轻地弹一下，“老鼠”就会窜出去。孩子们叠完后，还比试谁的“老鼠”窜得远、跑得快；有的还用这种“老鼠”去吓唬胆小的女孩。这是“七零后”“六零后”孩提时都玩过的游戏。

这是一个培养和提高儿童动手制作能力和身心健康的娱乐游戏。

游戏说明

利用手绢叠制老鼠可按以下步骤操作：先将一方手绢对折成一个三角形；再把三角形的两个角往中间折过来；然后将手绢如卷轴卷起约 2/3；左右对搭，略有叠加；用外面的那个角把搭头包起来，不停地翻卷，直到可以看见尖头；将两边的尖头拉起来，整好如两只尾巴；将一头打个结当脑袋，另一头就是尾巴；一只布老鼠就折好了。

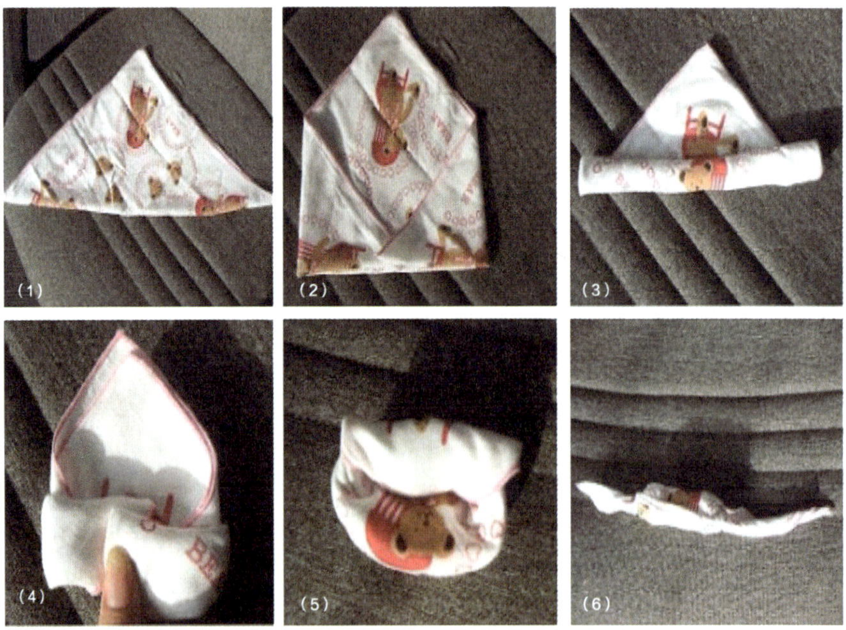

(7)

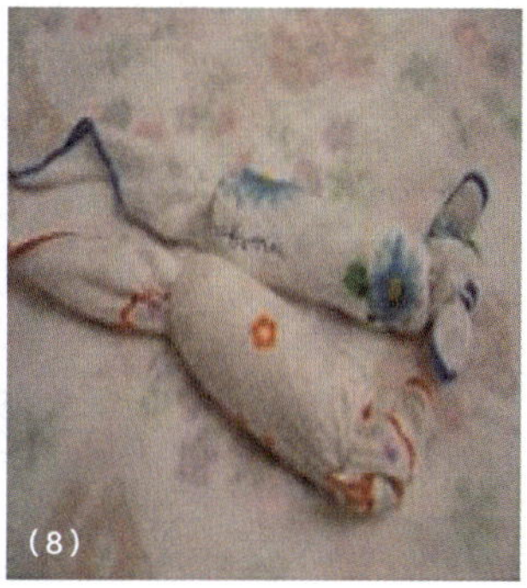

(8)

游戏规则

1. 叠老鼠比赛

所有参赛者同时开始叠，在规定的时间内，看谁叠得又快又好。至于谁在比赛中获胜，还得看下一部分——跑老鼠比赛的成绩。

好的标准：一看结实；二看形态是否逼真。

2. 跑老鼠比赛

按照叠老鼠的名次决定顺序，然后轮流进行跑老鼠比赛。即把老鼠放在拇指与食指之间，用手指弹老鼠，看谁的老鼠跑得远。

最终成绩：综合叠、跑两部分比赛成绩，决出最终名次。如果成绩相同，再加赛一次。

游戏要求

(1) 人数一般以 3 ~ 6 人为宜。

(2) 叠老鼠时间为 3 ~ 5 分钟。

(3) 场地不限，室内野外均可，大小视情况而定。

(4) 除手绢之外，无须其他道具与器材。

用明矾水写毛边纸

游戏渊源

用明矾水写字过去在书籍或影视作品里看到过，它是秘密通信工具，谍报人员通过它和其他手段传递信息和情报；也有人利用它写过秘密的恋爱信，鸿雁传书。于是有人觉得很是神秘，亦感好奇，摩拳擦掌跃跃欲试。试了几次后，果然能显出字迹，越发对明矾感到好奇，大家就相互传经，觉得这不仅神秘，而且很有情趣，很好玩，于是都玩弄起来。当然，孩子们玩这种游戏要等到上学之后，识得字能写会画才行。当时在舟山地区，尤其是在渔村，明矾几乎家家户户都会备有一些，因为那时从海上捕上来的海蜇比较多，明矾可以用来腌制海蜇，孩子们拿用十分方便。明矾用作密写术是借助于它的特性。通常，用毛笔蘸上事先配制好的明矾水，在宣纸或者毛边纸上写字，然后晒干。由于明矾水中的铝离子容易发生水解生成氢氧化铝胶体，难溶于水，晒干后为白色固体覆盖在纸表面，显不出字迹；一旦将纸重新浸水，覆盖有氢氧化铝的纸因不吸水而呈白色，无氢氧化铝覆盖的纸因吸水而呈稍灰色，两处纸质的颜色就有了不同变化，于是，字迹就显现出来了。若游戏成功了，孩子们乐得手舞足蹈，欢欣鼓舞，在一起，还要比比谁制作的精美，赢了十分自豪，输了也不气馁，还暗中较劲，哼，下次谁赢谁输还不晓得呢！但是，随着海蜇资源的短缺，明矾已无用武之地，这个游戏现在也无人再玩了。

这是一个提高少年儿童动手制作能力和培养科学兴趣的娱乐游戏。

制作说明

用明矾水写在毛边纸上，待晾干后看不出字，再在水上一漂就能显出字来。

游戏要求

(1) 人数不限，一般以 2 ~ 5 人为宜。

(2) 时间不限。

(3) 场地不限，室内室外均可。

(4) 道具与器材为明矾水、纸、毛笔。

舟山游艺

舟山群岛

传统渔家游艺集萃

第四章

野外游戏

上山采野果

游戏渊源

此游戏是我们老祖宗流传下来的。早在原始社会，我们的先民依靠狩猎和采集维持生活。众所周知，狩猎是要凭借某些工具来实现的，而采集则不用工具也能够实现，由此可见，采拾游戏十分简单和便捷。此游戏盛行于20世纪80年代以前，那时候物质相当匮乏，正儿八经的水果也并不多见，即使有也非囊中羞涩的家长和孩子们所能够买得起的，于是附近山林里的野果子就成了他们采集的对象。这是一种既锻炼身体又有物质收获的游戏。春夏季节里有葛公（野草莓）、酸毛蕻、金银花和毛茎等，秋季有海棠果、毛栗、野毛柿和乌米饭等，三五成群邀约上山采集野果，还比一比谁采得多，劳动中洋溢着无限的乐趣，山野上空响彻着爽朗和欢快的笑声……但随着时代的变迁、物质生活水平的提高，现在已很少再有少年儿童上山采摘野果了。

这是一种锻炼少年儿童体质和培养热爱大自然情怀的娱乐游戏。

游戏说明

此游戏活动有季节性限制，不是随时随地都能够开展的。大致上可分为两段时间，一是春夏季，二是秋季。

春夏季节可以采桑葚、摘金银花、抽酸毛蕻、拔毛茎和摘葛公（野草莓）等。桑葚是桑树的果实，甜中带酸很好吃。金银花虽然不属于野果，但它是中药，泡茶喝能预防治疗多种疾病。酸毛蕻是一种形似菠菜的野菜，捋去叶，取长长的草茎嚼，味道酸酸的，其维生素 C 含量相当高。葛公有两个品种：一种叫大葛公，采摘下来用狗尾巴草串起来，提着活像一盏盏小灯笼，又好吃又可爱；一种叫小麦葛公，颗粒小得像绿豆，采摘时要用器皿盛着才行。

秋天是收获的季节，满山遍野都是五颜六色成熟的野果，那飘香的野果勾出孩子们的口水，不知不觉被带进了山林。野果子有的酸中带甜，有的酸溜溜的，有的还有些许苦涩，但无论是海棠果、小苹果、毛栗、乌米饭，还是野毛柿，孩子们都会吃得津津有味。

但这种游戏活动毕竟在山野上举行，有着诸多不安全因素，所以我们可以将地段选在果树林或者是蔬菜大棚，可以搞单一采摘，也可以搞多种采摘。

游戏规则

此游戏竞赛范围广、地方大，应在结束前 5 ~ 10 分钟通知参赛者，让大家准时抵达指定地点集合。

（1）单一采摘。选择一处山林，以每人在规定时间内采摘单一的野果数量来决出名次。

（2）多种采摘。选择一处生长多种野果的山林，以每人在规定时间内采摘野果的品种和数量总数来决出名次。

游戏要求

（1）人数不限，一般以 2 ~ 12 人为宜。

（2）时间不限，一般以 30 ~ 45 分钟为宜。

（3）场地为野外，场地大小视情况而定。

（4）准备好器皿，在果园采摘时需备剪刀之类的工具。

养蚕

游戏渊源

蚕，原本生活在桑树上，因此也叫桑蚕。远在黄帝时期，元妃始祖就开始驯养野蚕为家蚕，取蚕丝织成锦帛做衣服，古老的耕织图上已详尽地记录了古代蚕农育蚕、养蚕的过程。但开始养蚕的确切时间，现在难以确定，普遍的说法是，西周时期我国养蚕事业即有一定的发展。到了明代，蚕桑业则有了较大的发展。为了发展养蚕业，我国古代除了饲养春蚕外，还饲养夏蚕和秋蚕。

几千年过去了，任凭科技如何发达，丝绸依然得用蚕丝来编织，要取蚕丝仍然得靠养蚕。一条蚕的生命只有28天，一生所吐的丝也只有1000米，那么，要有多少蚕的生命才能织成一件衬衫、一件旗袍、一条被面呀！当一条蚕慢慢长成、蜕皮、上蔟、吐丝，似乎天地人神都对蚕退让三分，人们对蚕爱护备至，生怕一不小心惊扰了、影响了它吐丝的神奇魅力，因此蚕也被叫作“蚕宝宝”，足见其珍贵、可爱了！桑蚕值得孩子们的青睐和喜爱，他们悄然地、快乐地饲养着桑蚕。

这是一种为少年儿童增加生产知识，体验劳动艰辛与财富珍贵的娱乐游戏。这也是诸多游戏中历史最悠久、时间跨度最长的游戏。

游戏说明

这是饲养少量桑蚕的活动游戏。由组织者发放蚕卵，数量在几十条与近百条之间。先是将蚕卵放在较保温的地方，最好是纸盒子里；在一定温度下，小蚕宝宝就孵化出来了；然后把孵化出来的小蚕用鸡毛逐条移放到饲养的器具中，不断地采来桑叶，开始饲养小蚕。小蚕很能吃、食量大，一大把桑叶吃不了几顿，但也长得快，几天一个样。随着蚕宝宝的长大，我们就要不断更换饲养器具，从小盒子换成大盒子。二十多天过去了，小蚕变成大蚕，可爱的、胖乎乎的桑蚕如果开始不吃不动，就是要蜕变上蔟了，过一段时间再去看望，它就会变成蚕茧，整个养蚕活动也就这样结束了。

游戏规则

各参与养蚕活动者领取数量相等的蚕卵，然后各自去饲养，桑叶和饲养工具自备。25 天后拿到指定地点进行评比，以所结茧的数量和质量定胜负。

游戏要求

(1) 人数不限，一般以 2 ~ 7 人为宜。

(2) 时间为 30 天。

(3) 场地不限，一般以居家为宜。

(4) 除蚕卵之外，参与者需自备桑叶和饲养工具。

钓地蚕

游戏渊源

地蚕学名蛴螬，成虫通称为金龟甲或金龟子，是生长在土壤里的一种虫子，因为酷似蚕宝宝，所以也叫地蚕。它是一种害虫，蛴螬幼虫始终在地下活动，取食种子和嫩根，或者咬断幼苗的根茎，被害植株会因咬食伤口而引发病菌侵染，造成缺苗或幼苗倒伏；蛴螬除了在农田祸害粮食和蔬菜作物外，还祸害果树、树木的幼苗。地蚕躯体肥大，多乳白色，少数为黄白色。它分头、胸、腹三部分。它的头部发达，赤褐色或黄褐色，左右生有对称的刚毛；体长因种类而异，一般为 5 ~ 30 毫米，有三对胸足，以第三对胸足最为发达；

腹部10节，第10节称为臀节，臀节呈圆形，上生有刺毛，向腹面弯曲，如C形，尾部腹面刚毛的排列是区别不同种类的重要依据。地蚕身体柔软，皮肤皱褶且多细毛，肥胖而弯曲。从前，孩子们总是跟随大人到农田去捕捉地蚕，而捕捉地蚕的方法有多种，有的用小棒子将它从地下扒出来，有的则用草把它引出来，也就是钓，然后将其消灭。这钓地蚕的方法比起其他方法来就显得有意思多了，既有游戏的快乐又可以消灭祸害农作物的害虫，因而是一种很有意义的游戏。

这是一种增加少年儿童爱护庄稼与消灭害虫科普知识的娱乐游戏。

游戏说明

此游戏难度不是很大，也没有什么特别技巧。在农地上有许多裸露的小洞洞，如果用小棒子去测量下可能会有半米多深，这些小洞洞就是地蚕的洞。地蚕像黄鳝一样嗅觉很好，只要有香味，它一定会向香气扑鼻的美味进攻，钓地蚕就是利用它们这一习性，先在洞口放一根嫩草，不用几分钟，馋嘴的地蚕就会咬住这根嫩草，轻轻将嫩草一拉，一条胖乎乎的家伙就成了你的猎物和俘虏。这嫩草嘛，我们通常会用小鸡草（即地黄草）。

游戏规则

在游戏比赛前，首先要选择好一块长有地蚕的农地；参赛人员也要准备好钓地蚕的盛器和小鸡草。当主持人喊“预备——开始”后才能进入农地钓地蚕，按要求顺着农地去找地蚕的洞，不能乱跑，不能挤掉别人，如果出现上述情况，就要被淘汰出局。

以下列两种方法定胜负：

(1) 数量，谁钓的条数最多谁就取胜，以此排定名次；

（2）重量，谁钓的重量最大谁就取胜，以此排定名次。

两种方法可以取其一，也可综合两种方法，既看数量又看重量。

游戏要求

（1）人数不限，一般以 2 ～ 10 人为宜。

（2）时间不限，一般以 25 ～ 45 分钟为宜。

（3）场地一般为野外的农地或山林，大小应以 100 ～ 660 平方米为宜。

（4）准备盛器和钓地蚕的嫩草。

捕昆虫

游戏渊源

提起这游戏，就会勾起曾经生活在渔农村的中老年人对童年的美好回忆，那时的天真烂漫、那时的无忧无愁、那时捉昆虫的有趣游戏，一幅幅趣味盎然的画面都闪现在眼前。那时的野外游戏，使人视野开阔、心旷神怡，总让孩子们神往期盼；孩子们施展天性的才能、张开热情的双臂去拥抱美丽的大自然。翱翔天空的鸟儿、五彩的蜻蜓、斑斓的蝴蝶、噪舌的蝉儿、蹦跳的蚱蜢、飞舞的萤火虫，还有身上金光闪烁的金龟子等，都成了他们游戏捕捉的对象。他们会将捉来的昆虫放在玻璃瓶或者纸盒子中；他们还会用一根细绳或棉线拴住昆虫的脚，牵在手里让虫儿在空中飞舞，玩耍嬉戏。然而，随着时代的变迁，这些游戏也渐渐消失，现在的孩子虽然拥有各种各样的电动玩具、塑料玩具和电子游戏，可是他们缺乏的是野外的身体锻炼与新鲜空气和阳光的沐浴。

这是一个回归大自然、锻炼少年儿童身体的娱乐游戏。

游戏说明

此游戏中接触的昆虫十分丰富，有蝴蝶、蜻蜓、知了、蚱蜢、螳螂、蛐蛐、金龟子、萤火虫等。下面介绍三种昆虫捕捉方法。

1. 捉知了

知了即蝉，又称黑老哇哇，本地叫喳喳螳螂或叫蜩。该虫分布于全国各地，幼虫生活在土里，存活 5 ~ 12 年左右才能破土而出，北美洲还有一种穴居 17 年才能羽化而出的蝉。蝉的幼虫主要吸食植物的根部汁液，成虫吃植物的枝，可以使枝梢枯死，影响树木生长。幼虫将要羽化时，于黄昏夜晚钻出地表，爬到树上，然后，在 6 月末蜕皮羽化成虫，成虫最长寿命 60 ~ 70 天。成虫有两对膜翅，复眼突出，单眼 3 个，它们因种类不同而形状各异。自古以来，人们对蝉最感兴趣的是它的鸣声。从莺飞草长的春天到绿草凋零的秋天，知了一直不知疲倦地高唱着一曲又一曲的蝉歌，为大自然增添了浓厚的诗意，被称为“昆虫音乐家”和“大自然歌手”。其中，会鸣的是雄蝉，而雌蝉却是个“哑巴”。

捕蝉有好几种方法，但是不管哪种方法，首先要寻找它。雄蝉会鸣叫，通常只要是循声去找，就能找到，可雌蝉是“哑巴”不会发音，但只要找到雄蝉也能找到雌蝉，因为有雄蝉的地方就有雌蝉。

捕捉方法主要有两种：

（1）人工捕捉。找到蝉儿，再顺着树干接近，然后眼明手捷，一下逮住它。

（2）利用工具捕捉。这里介绍两种工具：蜘蛛网棚，一根竿子一端套上一个竹圈，竹圈安上蜘蛛网丝，利用这种工具黏住蝉；网兜，一般为纱丝网兜，利用它套住蝉。

2. 捉蚱蜢

蚱蜢是无脊椎动物，昆虫纲，直翅目，蝗科。我国常见的为中华蚱蜢，雌虫较雄虫大，体绿色或黄褐色，头尖，呈圆锥形，触角短，基部有明显的复眼，后足发达，善于跳跃，两条后足可作上下跳动，咀嚼式口器，危害禾本科植物，多在田边、草丛中活动。

有两种基本捕捉方法：

（1）人工捕捉。捕捉蚱蜢是比较容易的，尤其是雌蚱蜢，由于它体形大，行动迟缓，捕捉时，只要在它们经常出没的草丛用棒子敲打驱赶，它们就会跳起来；雄虫由于其身体较轻，既会飞，又善跳，捕捉起来比较费事，必须眼明手快才能得手。

（2）网兜捕捉。与人工捕捉基本相同，当蚱蜢飞跳起来时，就用网兜捕捉它们。

3. 捉金虫

金虫是本地人的称呼，它的大名叫金龟子，属无脊椎动物，昆虫纲，鞘翅目，是一种杂食性害虫。常见的有铜绿金龟子、朝鲜金龟子、茶色金龟子、暗黑金龟子等。金龟子的成虫多为卵圆形或椭圆形，触角鳃叶状，体壳坚硬，表面光滑，多有金属光泽，前翅硬，后肢膜质，多在夜间活动，有趋光性，它还会诈死，一般雄性大雌性小，危害植物的叶、花、芽及果实等地上部分。

欲要捕捉金龟子，就要知晓它们喜欢在橡树、榆树和向日葵上活动，只要找到它，捕捉是比较容易的。

（1）人工捕捉；

（2）网兜等工具捕捉。

游戏规则

游戏可分为单一捕捉和多种捕捉：

（1）单一捕捉。首先选择一块野地，每人在规定的时间内捕捉单一的昆虫，以捕捉到的数量来决出名次。

（2）多种捕捉。首先选择一块有多种昆虫的野地，每人在规定时间内捕捉多种昆虫，以捕捉到的种类来决出名次。

因为比赛场地大，范围广，要在结束前 5 ～ 10 分钟通知参赛者，让大家准时到达指定地点结集评比。

游戏要求

（1）人数不限，一般以 3 ～ 12 人为宜。

（2）时间不限，一般以 30 ～ 60 分钟为宜。

（3）场地为野外，场地大小视情况而定。

（4）准备好盛器和捕捉工具。

钓毛蟹

游戏渊源

相传几千年前，江河湖泊里生长着一种两螯八足的甲壳虫，不仅偷吃稻谷，还会用螯伤人，故称为“夹人虫”。后来，大禹到江南治水，派壮士巴解督工，夹人虫来侵扰，严重妨碍工程，巴解就想出了一个办法，在城边掘出一条围沟，围沟里灌满沸水，夹人虫过来纷纷跌入围沟里烫死了。烫死的夹人虫浑身通红，秀色可餐。巴解好奇地把夹人虫掰开来，一股诱人的香气扑鼻而来，忍不住壮起胆子咬了一口，谁知味道鲜美，好吃无比，于是危害人类的害虫一下子成了家喻户晓的美食。后来为了感激敢为人先的巴解，在解字下面加个虫字为夹人虫命名，即蟹。自从螃蟹成为人人皆知的美食后，人们便捕获它来食用，于是就产生了捕捉螃蟹的活动，其中钓蟹就是一种捕捉方式。随着孩子们对大人捕捉劳作的模仿，渐渐地使得这一生产方式有了游戏的意味。此游戏盛行于20世纪60年代前，后来由于滥施农药，严重破坏了生存环境，野外的毛蟹也逐渐消失了，这个游戏自然而然随之消失。

这是一个提高少年儿童观察事物能力的娱乐游戏。

游戏规则

毛蟹是生长在陆上水田、淡水湖泊里的螃蟹，因其大螯上长着一撮浓浓的鬃毛而称之为毛蟹。毛蟹喜欢栖居在江河湖泊的泥岸和滩涂的洞穴里，或者隐匿于石砾和水草丛中，掘洞是它的本能，也是御敌的一种方式。毛蟹食性较杂，常吃水草、腐殖质，还吃螺、蚌、蠕虫、昆虫，偶尔也吃小鱼小虾，一般白天隐蔽在洞中，夜晚出洞觅食。

钓毛蟹的工具为一条铁丝，在它一端折个钩；或者用一根蒲草，将它对折，一头绑上诱饵。一般的诱饵为蚯蚓，先将蚯蚓挂在铁丝的钩上，或者串在蒲草中间，再一折；然后在毛蟹隐居的洞穴口去引诱它，它闻到诱饵的香味就会来咬钩，这样就能钓上它。为了防止毛蟹逃跑，要准备好稻草，将它的足缠绑起来。

游戏开始前，首先要选择好钓毛蟹的地段，如一条小溪，或一条水沟，或一块水田；然后在同一时间内进行游戏比赛。预先准备好钓具、诱饵和鱼篓等钓蟹工具，在相同时间内，谁钓得最多（可以数量为准，也可以重量为准），谁就胜出，以此排定名次。

注意钓具和诱饵要相同，如大家同为铁丝或同为蒲草为钓具，诱饵也应如此。

游戏要求

（1）人数不限，一般以 2 ～ 6 人为宜。

（2）时间不限，一般以 45 ～ 60 分钟为宜。

（3）场地为野外的小溪、水沟或水田等，场地大小视情况而定。

（4）准备好钓具、诱饵和鱼篓等盛器。

钓黄鳝

游戏渊源

黄鳝是我国特产的野生鱼类，全国大部分地区均有分布。在动物分类学上属鱼纲、合鳃目、合鳃科、黄鳝亚科，因其体色微黄或橙色，故名黄鳝。黄鳝的前部呈圆筒状，后部渐侧扁，尾部尖细，看起来似蛇；大的有六七十厘米长，民间也称之为鳝鱼或长鱼，《山海经（上）》称其为䱇，《千金·食治》上名之曰䱇鱼。

黄鳝通常生活在水边泥洞和石缝里，夏季出来，十一月、十二月藏于洞中。其味鲜肉美，营养价值高，用它做菜可以滋补身体。很早以前，黄鳝已经成为餐桌上的一道美食，所以人们要千方百计捕捉它。由于黄鳝身光体滑，又栖居洞穴，捕捉是一件很不容易的事，而钓黄鳝却是一种行之有效的办法。钓黄鳝纯粹是一种游戏，一种乐趣，对孩子们来说，这是他们童年时一种快乐的野外游戏。此游戏流行于 20 世纪 80 年代前，随着时代前进和社会变迁，已渐渐看不到了。

这是一种培养和提高少年儿童野外情趣和钩钓技术的娱乐游戏。

游戏规则

玩此游戏要先了解黄鳝的习性。黄鳝生活在水中，一般都是自己在软泥中打洞或在石穴中居住，所以要钓到黄鳝首先要找到它所居的洞。黄鳝的洞大多在湖泊、池塘、水田或小河靠岸边的水中，由一个上洞、一个下洞组成。黄鳝喜欢吃活食，钩子伸入洞之后要缓缓地抖动，当黄鳝咬钩时要将钓具往前推送，使钩子全部进入到黄鳝嘴里，然后才提钩。钩子入洞 10 ～ 20 厘米为宜，如果黄鳝不咬钩，则可将手浸入水中，手心向上，中指露出水面，拇指控制中指弹水，这样产生的声波类似于青蛙叫声，可以引诱黄鳝上钩。

钓黄鳝的工具：可以用一根铁丝，一端磨得尖尖的折成钩状，用细铁丝绑在一根类似筷子的细棒上；可以用一根蒲草，将蚯蚓串在它的中间再对折，成为钓具；黄鳝较容易逃跑，还须准备一个鱼篓。

游戏可选择在水田的田埂边举行。

首先选好钓黄鳝的地段，然后在同一时间内进行游戏比赛。谁钓到黄鳝最多（可以数量为准，也可以重量为准），谁就胜出，以此排定名次。使用的钓具和诱饵要相同，如大家同为铁丝钩或同为蒲草钩，诱饵也如此。

游戏要求

（1）人数一般以 2 ～ 6 人为宜。

（2）时间不限，以 30 ～ 60 分钟为宜。

（3）场地为野外的小溪或水塘或水田边，场地大小视情况而定。

（4）准备好钓具、诱饵和鱼篓等盛器。

引蚂蚁

游戏渊源

自然界中有着许多有趣的事物，花草树木、风雨雷电、飞禽走兽等，都能激发儿童的兴趣，使他们无所顾虑地去发现、去探索、去提问、去思考、去研究、去游戏。在孩子们的眼中，蚂蚁就是种有趣的、神秘的、可爱的、可以逗着玩的小昆虫，“引蚂蚁”游戏正是在儿童对自然界的好奇和探索中产生。在日常生活中，孩子们拍死几只苍蝇或拿出几颗饭屑糖粒，放在蚂蚁出入处，口中唱道:“蚂蚁哎，来扛金子银子来，砧板白刀背了来，蓑衣凉帽拿了来，阿爹阿娘叫过来……”这是非常有趣的游戏，孩子们有时兵合一处，有时则兵分几路进行竞赛，看谁引来的蚂蚁密度大，谁就是胜利者。引来蚂蚁之后，孩子们有的用小草、小棒子去逗蚂蚁，有的用眼睛仔细观察蚂蚁的活动，神情那么专注、那么投入。在玩弄一阵之后，他们或用水淹或用火烧进行处理。这游戏以 20 世纪 80 年代为分水岭，以前在乡村中流行，后来随着时代的变迁，也就渐渐看不到了。

这是一个培养儿童探索事物的兴趣、提高儿童认知能力与水平的娱乐游戏。

游戏规则

通过此游戏能满足儿童观察与探索的需要，提高儿童的认知能力和认知水平，培养儿童对自然的观察兴趣和习惯，并激发儿童主动搜集蚂蚁的相关资料，掌握蚂蚁活动知识，如“气味语言”“分工合作”“搬运食物”和“建筑巢穴”等。

此游戏既可在室外又可以在野外进行，引蚂蚁的诱饵可为碎饼干、苹果核、小糖或死苍蝇等。

主持人先将参赛者分成两人一组，在指定的范围内，5 分钟内寻找好蚂蚁出入处，并放诱饵；未放好诱饵者视为犯规，比赛成绩取消；然后进行引蚂蚁活动。在规定的时间内，谁的蚂蚁先出来并且数量最多谁就获胜。

游戏要求

(1) 人数不限，一般以 2 ~ 10 人为宜。

(2) 时间为 30 ~ 45 分钟。

(3) 场地室外野外均可，大小视情况而定。

(4) 准备好引蚂蚁的诱饵。

捉萤火虫

游戏渊源

炎炎夏日是捕捉萤火虫的好时节。每当夜幕降临，晚霞捧出了弯弯的月亮，大人们手里拿着板凳，背后插把蒲扇，或到路边，或到空坪上去纳凉，“呼呼”地扇着扇子，家长里短、天南地北地聊着天儿；而孩子们却怎么也闲不住，他们呼朋唤友，三五成群，四六结伴去小河边、池塘边或田边捉萤火虫。青蛙的叫声和蟋蟀的鸣声，使得夜色更深沉、田野更空旷，孩子们唱着“萤火虫，夜夜来，一夜不来，二夜来，二夜不来，三夜来，三夜门前作高台……”的童谣，有的把空中飞舞的萤火虫拍下来，有的利用萤火虫的趋光性，用两个手指头掐住一只萤火虫，把它上下左右摇来晃去，做出飞翔模样，将其他萤火虫引来捕捉。有时候在白天也可以从一种叫萤火虫草叶上找到它，捕捉起来轻而易举。但无论是白天还是夜晚，孩子们总是高高兴兴而去，兴高采烈而归，他们把捉来的萤火虫装入一个玻璃瓶，或一只蛋壳内，当作亮灯和灯笼玩耍，这样的游戏总让孩子们欢天喜地，不亦乐乎。

上面描述的是20世纪80年代前的情景，如今却再也看不到这种游戏活动的场景了。

这是一个锻炼和培养少年儿童户外活动能力和对大自然热爱之情的娱乐游戏。

游戏说明

全世界萤火虫的种类有两千余种，队伍十分庞大。萤火虫成虫后一般只有3～7天的寿命。夏天，在小河边、水池边和农田上都会有萤火虫出现，其活动范围总离不开干净的水源。雄性萤火虫较为活跃，四处飞走，吸引异性，雌性则停在叶子上等候发出信号。萤火虫身上有一种磷化物（发光质），经发光酵素作用，便会引发出一连串化学反应，但是它所发出的能量只有10%左右转化为热能，其余都变成光能。常见光色有黄色、红色及绿色，雄性腹部有2节发光，雌性则为1节。发光是耗能的活动，因此萤火虫也不会整夜发亮，一般只能维持2～3小时。

虽说白天在萤火虫草上也能捕捉到萤火虫，但一般还是会在夏夜里去捉它。

捕捉萤火虫的方法有许多，这里介绍三种：

（1）赤手空拳捉。赤手空拳，即不用任何工具。夜晚的萤火虫，一闪一闪地在空中飞动，很容易发现，并且飞得也较低，孩子们只要追上去跳起来，就能将它捉住。

(2) 利用工具捉。可用扇子或报纸轻轻拍它下来，然后捉住它。

(3)“以火引虫”。萤火虫有趋光性，先捉住一只萤火虫，以它为诱饵再吸引其他的虫。用两个指头掐住一只萤火虫，上下左右摇晃它，四周的萤火虫就能被吸引过来。

通常把捉到的萤火虫放入玻璃瓶，当作亮灯来玩；有的装入蛋壳中，变成一个椭圆形的“灯泡”；若用彩纸做成灯笼装入萤火虫，那灯笼就变得色彩斑斓、光芒闪烁；还有的装入各种形状和颜色的玻璃瓶中，则变成了多姿多彩的“艺术品”。

游戏规则

(1) 单项赛。首先要选好一种捉法和地段，在规定的地点和时间内谁捕捉得最多，谁就是获胜者，以此来排定名次。

(2) 综合赛。首先要选好一地段，在规定时间内，分三个阶段进行，每一阶段又有规定时间；一个阶段完成后，再进行第二阶段的比赛，以此类推；在综合比赛中，谁捉的萤火虫最多，谁就获胜，以此排定名次。

游戏要求

(1) 人数一般以 2 ~ 6 人为宜。

(2) 时间一般以 45 ~ 120 分钟为宜。

(3) 场地为野外，一般以河边、池边和农田边为宜。

(4) 准备好扇子、报纸及玻璃瓶。

斗蟋蟀

游戏渊源

此游戏源于中国的蟋蟀文化，是具有浓厚东方色彩的中国特有的文化生活，也是中国特色的一门艺术。它的主要发源地是长江流域和黄河中下游地区。从蟋蟀原来的听其声到后来的观其斗，说明社会发展的进步；至于斗蟋蟀活动起源于哪朝哪代，至今没有可靠资料。但可以推测，斗蟋蟀活动可能始于唐代，盛行于宋朝，到了明代活动更加盛行。有文献显示，至迟到宋代，朝野内外就已经大兴斗蟋蟀之风，并将“万金之资付于一啄”。这一游戏兴起后，经历宋、元、明、清四个朝代，又从民国到今天，前后有近千年的漫长岁月，深受人们喜爱，长兴不衰。新中国成立后，此游戏有玩物丧志之嫌，大庭广众之下已经不见，但却悄然在乡村孩子们中间作为他们喜爱的野外游戏发展和流传起来。蟋蟀穴居，常栖于地下、砖下、土穴中、草丛间，孩子们到野外活动时，捉几只蟋蟀，挖个盆状的坑，放在里面来争斗，用斗蟋蟀来取乐。斗赢的眉开眼笑，非常得意；斗败的不肯服输，决心要在下一次争斗中战胜自己的对手。大家都知晓，斗蟋蟀最大程度上取决于一只蟋蟀的好坏，所以在捉蟋蟀时都想捉到一只骁勇善战的好蟋蟀。斗蟋蟀在 20 世纪 80 年代前还是很流行的，可是随着时代的变迁和孩子们野外活动的减少，这游戏几乎看不到了。

这是一个锻炼、培养和提高少年儿童户外活动和观察分析事物能力的娱乐游戏。

游戏说明

蟋蟀生长的适应性很强，只要有杂草生长的地方，就可能有蟋蟀生存；蟋蟀食性杂，吃各种作物、树苗等，常在夜间活动。蟋蟀分类归属于节肢动物门，昆虫纲，直翅目，在世界各地数量达到 1400 多种，在我国已确定的有 30 多个品种。

蟋蟀生性孤僻，一般情况下都是独立生活，绝不允许与别的蟋蟀住在一起，因此它们彼此之间不能容忍，一旦碰到一起就会咬斗起来。蟋蟀的某些行为可由特定的外部刺激所诱发，因此斗蟋蟀时，如果以细软的毛刺激雄蟋蟀的口须，定会鼓动它冲向敌手，努力拼搏；如果触动它的尾毛，则会引它发怒，用足胫向后猛踢，表示反抗。斗蟋蟀，掌握蟋蟀的特性很重要，平时要多观察和多分析蟋蟀。但斗蟋蟀一定不要玩物丧志。

游戏规则

游戏双方首先把自己选好的蟋蟀放到主持人指定的桌子上，然后把蟋蟀放进斗栅。斗场中共有 3 人，裁判及两个蟋蟀的主人。

（1）打斗双方用主持方提供的草撩拨蟋蟀，引出其打斗性，等两虫起叫后（1 分钟时间为限，如有一方不叫时也得开打）起闸开斗，在打斗过程中，双方不得用草撩拨。

（2）打斗中两虫分开，双方开叫（相差不过 3 秒钟）算平，继续比赛；如一方开叫，赢半局，失局的一方可用草撩拨虫的斗性（15 秒钟为限），如有斗性则继续，无斗性则输半局，再继续用草撩拨（时间 1 分钟），到时能斗，起闸继续，不再有斗性则输全局。

（3）如蟋蟀先失半局后反败为胜，夺回半局，也有失一局后转胜的，斗法如上述。

（4）也有双方各失一局的，在两虫打斗时，两虫分开，不管哪方开叫即为赢，哪怕输的一方还能继续打斗也无用。

注：两虫分开需要有 4 厘米以上距离。

游戏要求

（1）人数为两人一组。

（2）时间不限。

（3）室内室外均可，场地大小不限，视情况而定。

（4）准备好撩拨草、斗盆和桌子等工具。

扔三脚架

游戏渊源

此游戏由来已久，至于起源于何时却无从知晓，但这是本地区特有的一种游戏，是从前人们上山砍柴劳作中短暂休息时玩耍的一种野外的、集体性的娱乐游戏。此游戏原本带有一定的赌博倾向，但因为它所体现的是高度的平等机制，并有一定的激励作用，所以无论谁赢谁输都毫无怨言。游戏输者要拿出一定数量的柴火，赢者则获取柴火；输者再接再厉，促使自己练好投掷技巧，以期日后再一决雌雄，超越他人。

这是一种就地取材、因地制宜、老少皆宜的竞技性游戏。

游戏规则

扔三脚架，首先要有一只三脚架。三脚架可用长 50 厘米左右的三根竹竿或是树木搭成，在距三脚架一定距离的地上画一条横线；再由数人站在这条线上，轮流把镰刀扔向三脚架，扔倒三脚架者为胜。

玩这个游戏要有一定的技巧：首先要有一定的臂力，要有一定的平衡性，扔近扔远都不成；其次要有一定眼力和准确性，否则扔不出好成绩。

游戏的先后顺序可以用两种办法产生。

(1) 同时把镰刀抛向半空中，待其自然落地；如三把镰刀有一把刀正面，两把刀反面，那么执正面刀的人为先投掷者。

(2) 全部参赛人员由三脚架处将镰刀分别投向前方横线处，再以谁更接近横线为先，以此排列比赛的先后顺序。

游戏者从横线处先后投掷三脚架，以扔倒三脚架为目标，赢者加 2 分，其他输者各扣 1 分，输赢以三局为限。

游戏要求

(1) 人数一般以 2 ~ 5 人为宜。

(2) 时间不限。

(3) 场地不限，室外野外均可，一般为 100 ~ 200 平方米范围。

(4) 对道具与器材没有严格要求，主要包括画线用的白石灰(粉笔)、三根小木条搭成的一只三脚架。从活动安全考虑，建议改镰刀为其他硬木道具替代。

海上竖蜻蜓

游戏渊源

此游戏是海岛地区特有的，原汁原味的具有海洋特色的活动项目。靠山吃山，靠海吃海，海岛人站在家门口就能望见大海，他们抬头见的是海，低头见的是水，每时每刻都要与大海打交道。他们在海里讨生活，海岸边垂钓，海礁上捡螺，海滩边挖蛤蜊，水里攻淡菜；不学会游泳不行，没有一定的水性（游泳技术）更是不能适应海边生活。自古以来，海边人家的孩子，穿着开裆裤就会游泳，长大了更有好水性，因此这海上游戏的出现就不足为奇了。夏天一到，天是那么蓝，海是那么碧，在赶海的空隙玩一玩这游戏，是多么有趣和欢快啊！

这是一个锻炼和提高少年儿童游泳能力和技术的娱乐游戏。

游戏说明

从前，孩子们在海滩边一字形排好队，手拉手一起走到齐脖子深的水里，潜水下去，双手撑在海底的沙石上，双脚露出水面，呈倒竖蜻蜓状，酷似现代的花样游泳。谁竖得时间长久，谁就获胜成为赢家。

由此可见，此游戏参与者需要有较高的游泳和潜水能力，要会憋气，而且憋气的时间要长。在水中长时间不呼吸且倒立，不仅要靠身体素质，还要掌握一定的技巧，这需要多做练习，熟能生巧。

游戏规则

（1）参与游戏者身高要在 120 厘米以上。

（2）水深要达到 90 厘米左右。

（3）从“预备——开始”令下即潜入水中，开始后没有潜入水中，就取消成绩，计时从潜入后开始，直到最后一人出水面。

（4）潜入水中 30 秒钟后双腿必须竖起，否则取消成绩。

（5）谁的潜水时间长谁取胜，以此排定名次。

游戏要求

（1）人数一般以 3 ~ 10 人为宜，人多时可分批进行。

（2）时间不限，但不宜过长。

（3）场地以海边沙滩的延伸海域为宜，因为海况并不复杂。

（4）除了计时器以外，还要配备拦网和水上救生器材。

海上摆擂

游戏渊源

此游戏与“海上竖蜻蜓”一样，是原汁原味的舟山群岛地区特色的海上活动项目，特别是舟山市普陀区东极镇孩子们每年夏天必玩的游戏。这个游戏很久以前就盛行于东极镇及周边岛屿上。东极镇像一颗璀璨的明珠镶嵌在我国的东海上。它既处于舟山群岛的东端，也是中国海洋上最东端的边境岛屿，东极可谓名副其实。东极既有碧海奇石，又有许多美丽的传说；不但渔家风情浓厚古朴，更有美不胜收的岛屿风光；几乎包揽了真正意义上的阳光、碧海、岛屿、渔俗众多元素，宜人的气候，清澈的海水，是一处少有的纯净之地。

这里的海一年四季变化无常，动荡时惊涛裂岸，怒比钱塘秋潮；宁静时风平浪静，胜似杭州西湖。在东极海域诞生出的这一游戏，显然顺理成章。

这是一种锻炼和提高少年儿童游泳技艺和意志力的娱乐游戏。

游戏规则

(1) 此游戏是在海上玩的，首先要选择好一块礁石作为擂台，以海水涌到站立人的膝盖为标准。

(2) 选一个水性较好者为首任擂主，然后攻擂队员守在擂台四周轮流攻擂；攻擂就是将擂主拉下水，如果要是谁将擂主拖下大海，那么他就是新一任擂主。新擂主上任，游戏继续进行，重复上述过程，每个队员攻擂不能超过 5 分钟。

(3) 在规定时间内，攻擂队员将擂主攻下来（即把擂主拖下水）就记 2 分；如果在规定时间内没有攻下，则擂主记 2 分；如果擂主连续三局没有被攻下，记 6 分，并更换新擂主，重新开始新一轮比赛。

(4) 以累计分数定胜负，并获取"海上擂台英雄"的称号。

此游戏要求每个队员都会游泳识水性，无论是守擂的，还是攻擂的，双方都要有一定的意志和毅力，因为在海水里体能消耗比陆上要大。

游戏要求

(1) 人数一般以 5 ~ 8 人为宜。

(2) 每场时间不限，每局时间为 20 ~ 45 分钟，以人数多寡而定。

(3) 场地可选在海滩边或海岸边。

(4) 安全起见，每个参与者都必须穿上救生衣。

河水鬼抓替

游戏渊源

毫不讳言地说，此游戏带有一定的迷信色彩，也是一种鬼文化在民间日常生活中的体现。从前，人们认为人死后就变成了鬼，饿死的叫“饿死鬼”，吊死的叫“吊死鬼”，淹死在水里的叫“河水鬼”。鬼若想再成为人就必须要投胎，怎么才能投胎呢？就要抓一个活人来替代他，他才能投胎，这就叫“抓替”。河水鬼投胎就要从河里洗澡的人中间抓替一个，这就叫“河水鬼抓替”。但孩子们不知它所带有的迷信色彩，只是觉得好玩。此游戏不但孩子们喜爱，大人们有时也会参与进来。它是20世纪70年代以前渔农村中十分流行的游戏，当然，同其他传统游戏一样，如今我们也找不到它的身影，留给我们的只剩一个美好的回忆。

此游戏原是陆地上的，若是河水鬼抓替就改为水上游戏项目。

这是一种锻炼和提高少年儿童体质和游泳水平的娱乐游戏。

游戏说明

如果在陆地上开展此游戏，就找一块较大的空地，画出一片空地拟作为水域，线内为河，线外为岸。选一人扮作河水鬼待在河里，一群人扮作下河游泳洗澡者；游泳洗澡者口念童谣："清清梗，长长玉，河水鬼莫摸着……"等众人都下到河里洗澡后，扮作河水鬼的人就开始抓人了。于是，众人在河里"游来游去"地逃跑，"河水鬼"在众人后面不停地追逐。如果谁被"河水鬼"抓住了，谁就替代成为"河水鬼"；原"河水鬼"抓替了"新鬼"，他就可以"投胎"为人，扮作一个普通的人参与到游泳洗澡者队伍中，继续进入新一轮游戏。这个游戏尤其适合冬季，追追跑跑总会玩得人身上暖洋洋的。

此游戏也可以在水中开展，水中游戏会比陆上游戏显得更有乐趣。首先要找一片水域，划定河水区域和陆上区域，方法如同陆地游戏；但与陆地上游戏不同的是，每个参与者都应当会游泳，并且有较高的游泳能力；游戏开展的季节应当为夏天。

游戏规则

1. 陆地游戏

(1) 以抽签的方法选出一个"河水鬼"。

(2) 每 10 分钟为一局，休息 2 分钟；即在假定河里游泳和抓替的时间为 10 分钟，上岸休息时间为 2 分钟。

(3) 如果有人被抓替的，记负 4 分，如果在第一局内抓替到一人的赢者记 5 分，在第二局内抓替到一人的赢者记 4 分，在第三局内抓替到一人的赢者记 3 分，以此类推。

(4) 谁在一场里分数最高，谁就获胜，以此排定名次。

2. 水上游戏

(1) 以抽签方式选出一个“河水鬼”。

(2) 每 7 分钟为一局，休息 2 分钟；也即在河里游泳和抓替时间为 7 分钟，上岸休息 2 分钟，休息后再下河开始下一轮游戏。

(3) 记分规则同陆地游戏。

游戏要求

(1) 人数一般以 5 ~ 10 人为宜。

(2) 陆地游戏以 60 ~ 120 分钟为宜；水上游戏以 45 ~ 60 分钟为宜。

(3) 场地于陆地、水上均可，大小以 30 ~ 80 平方米为宜。

(4) 除裁判所需的道具外，为安全起见，参与水上游戏者，每人都要配备救生器材。

涟水片（打水漂）

游戏渊源

小孩天生好动，见什么玩什么，海岛儿童整天与大海为伴，因此特别喜欢玩水。海岛渔农村有许多池塘，水波荡漾的池水成了孩子们玩耍的好地方。涟水片是孩子们最喜欢玩的一种游戏，也是他们“比武艺”的一种重要形式。能把水片涟得远，就是孩子们心中无限风光的事。这种游戏历史久远，20 世纪六七十年代的少年儿童还有人玩，随着现代游戏及玩具的普及，涟水片游戏基本无人提及。

游戏规则

涟水片是舟山方言，实际上是在水面上滑瓦片（打水漂）。取一寸见方的碎瓦片一块。玩者站在池塘边上，用大拇指、食指及中指捏住瓦片，用力把瓦片飞向水面，瓦片接触水面后在作用力的推动下，能在水面上漂滑一段时间，漂滑距离是由投掷力度和投掷方位决定的。因此这种游戏能锻炼孩童的手力和技能，值得推广。

（1）参与者站立位置应相同。

（2）漂滑瓦片尺寸相等。

（3）参赛者可同时投掷，也可单人轮流投掷，以漂滑时间最长、距离最远者为胜。

游戏要求

（1）人数一般以 3 ～ 5 人为宜。

（2）无大风，池塘水面平静。

（3）选择天然池塘或河流，不要在饮用水池或水库中进行。

（4）注意安全，年龄较小孩童应有大人陪同，不会游泳者不宜参加。

舟山游艺

舟山群岛

传统渔家游艺集萃

第五章

弈棋

三子棋

游戏渊源

此为我国民间流传甚广的棋类游戏之一。

我国民间棋类游戏极为丰富，品种繁多，分布于各省、各地、各民族间，是几千年来人类在生活劳动中的智慧结晶。棋类游戏最大的特点是不投骰子就可以开玩。清人孔继涵在《长行经》如是说道："以投琼为博，不琼为塞。""琼"即为骰子，"塞"泛指棋类。棋类游戏中积淀的棋文化是中华传统文化的重要组成部分，内涵博大精深，是十分珍贵的文化遗产。下棋是思维的游戏，雅俗共赏，老少皆宜；下棋不仅能提高智商，还能提高情商；下棋既是一种游戏，更是智力的培养和意志品质的锻炼。下棋首先要坐得住，要有足够的耐心、细心和自信心，还要善于把握时机。这些都是现代人才应具备的基本素质，只有具备足够的情商才能使智商正常发挥，才能使观察能力、想象能力、记忆能力、分析能力等得到提高。

三子棋是一种十分经典的棋类小游戏，很多人小时候都玩过。三子棋的棋盘十分简单，讲究的可以找一张白纸，用尺和笔整齐地画好棋盘，然后找几个子儿，如围棋子、象棋子就可以玩了；不讲究的，只需在地上用小木棍画一个棋盘，然后找几颗小石子，也能蹲着玩上半天。此游戏在几十年前风靡大江南北，老少皆会，玩三子棋可以让人少一分烦躁，多一分闲雅，这就是棋类游戏相比其他游戏的魅力所在。但是，这种益智的小游戏现在已经很少有人会玩了，有的甚至连它的名称也未听过。

这是一种扩大人们视野，激起对民族科学的热爱，培养动手能力，陶冶情操的棋类娱乐游戏，易于掌握，老少皆宜。

游戏说明

(1) 玩三子棋首先画一个棋盘。将一正方形画上“十”字，然后将正方形对角连起来，形成一个“米”字，棋盘上一共有九个点。

(2) 三子棋通常两人对弈。双方各拿3颗棋子，为了区分各自的棋子，要求将双方棋子设成两种不同颜色。

(3) 游戏开始后，两人各执自己的棋子下到点上并可上下左右移动自己的旗子，谁先把自己的三颗棋子排成一行，谁就获胜。排列成行可以是竖行、横行或者斜行。所以，下三子棋的战略就是设法不给对方的3颗子连成一线的机会。

(4) 如果两人下来下去，始终连不成一线，便称之为僵局，那么这盘

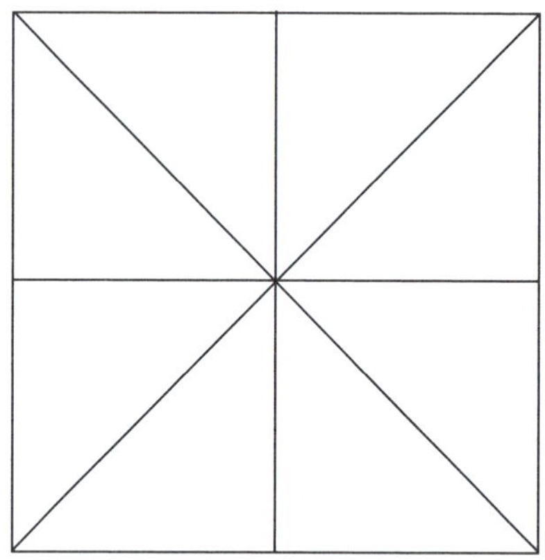

三子棋棋盘

棋就算和局，可相约再进行下一局，以决出胜负。

（5）当然，三子棋游戏中，谁先下谁就占到先机，可直接下到中间点上；中间是一局棋里关键的一招棋，至关全局，十分重要。

游戏规则

（1）对弈。首先以抽签的方式决出哪方先下；为公平起见，第一局为抽签，第二局才开始轮流下，以此类推；每下一棋子的时间不得超过 30 秒，否则判犯规，三次犯规判输；除此以外，谁先连成一行，谁就胜出，五局三胜制；如果下成和局则加赛一局，或以抽签的方式决出胜负。

（2）多人（集体）竞赛。先进行小组赛，所有规则同对弈；小组赛后决出前八名，然后决出半决赛人选，最后进入决赛，以此排定名次。

游戏要求

(1) 对弈的人数为 2 人，竞赛的人数不限。

(2) 时间不限，一般以 15 ~ 20 分钟为宜。

(3) 场地不限，一般室内野外均可，场地大小视情况而定。

(4) 准备好三子棋棋盘和棋子，相应的桌椅。

老虎棋

游戏渊源

关于老虎棋游戏的来历，听老一辈人说有一个古老的传说。相传在很久很久以前，山上住着老虎，也生活着野猪、山羊等动物。山上的一只羊妈妈生了10只小羊。有一天，羊妈妈出去觅食，不幸被老虎吃掉再也没有回来。小羊们听到噩耗都非常伤心，痛恨那只老虎，决心要报仇雪恨。这10只小羊就跑到山上，它们齐心协力包围老虎，充分利用有利地形与老虎展开了周旋，并将老虎制服。老虎棋游戏不仅历史悠久，流传还十分广泛，不仅流行于中国民间，而且还成为尼泊尔的国棋，被称为“BAGH”，或者“CHAL”，意为“移动老虎”。其实，这是一种非常简单、人人都可以自己制作、玩耍的棋类游戏，称“老虎棋”则是因为棋子中有一枚被称作“老虎”。

这是一个老少皆宜、提高人智力的娱乐游戏。

游戏说明

老虎棋的棋盘制作比较容易。首先画上一个正方形，然后再在正方形里画一个“米”字形，“米”字形的斜边顶到四个顶点，两条直线处于各条边的中点。然后将各条边的中点即与直线相交的点，相近的两两相连，形成一个菱形，上半部分就画好了。然后再以正方形底边的中点为顶点，画一个小菱形，再用十字将小菱形的对角相连，称为“陷阱”。这样整个棋盘就画好了。

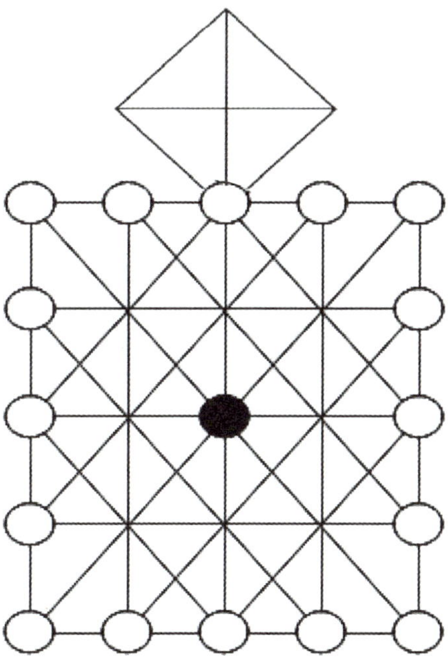

老虎棋棋盘

开始游戏时，在正方形的四个顶点和四条边上共放16枚棋子，称之为“羊”，而在中心点放一枚棋子，称为“老虎”。这样“羊”与“老虎”形成对弈。

游戏开始后，由“老虎”先走。无论“老虎”还是“羊”，每次只能移动到与当前位置相邻的空节点，那么“老虎”如何吃“羊”呢？老虎只要遇上无路可退的“羊”，就可以吃掉它。双方的目标是：老虎要尽可能多地吃掉“羊”，直到最后整个棋盘上只剩下三枚或更少的“羊”棋；而“羊”则尽可能利用规则，将“老虎”堵住无法进行下一步的行动。如果“老虎”所在节点的相邻节点上全是“羊”，而此时又正好轮到“老虎”行动，则“老虎”就算被困死，即为输棋了。

老虎棋看似简单，其实里面也包含了一些变化的策略，往往是老虎一个不小心，就落到了“羊”的包围圈里，一步一步走向最后“陷阱”，这时候就算“老虎”再厉害，也只能沦为困兽认输。这也算是“羊”多力量大吧。

游戏规则

(1) 对弈。游戏开始时，“虎”方在中间放一枚棋子，“羊”方在四边放16枚棋子；游戏开始后，“虎”方先走子，“羊”方接着走，方法同“游戏说明”；每走一子时间为15秒，超时视为犯规，三次犯规判为输；如果“羊”方被“虎”方吃到只剩三颗子，则判为输棋；“虎”方被“羊”方利用规则围得无法走下一步或落入最后的“陷阱”之中，则判为输棋；三局两胜制。

(2) 集体竞赛。首先将参赛者分成两人一组的几个小组，然后进行小组对弈；小组赛的获胜者进入前8名，接着进行半决赛和决赛，以此排定名次。

游戏要求

（1）对弈人数为 2 人，集体竞赛人数一般不作限制。

（2）时间不限，一般以 15 ~ 25 分钟为宜。

（3）场地不限，室内野外均可，场地大小视情况而定。

（4）所需道具与器材，除棋盘和棋子外，还要准备相应的桌椅。

旋棋

游戏渊源

旋棋也叫旋子棋，又叫旋转棋，因其旋转才能吃掉对方的棋子而得名。此为中国民间棋类游戏之一，流传于全国各地和各民族之间，尤其是在农村地区。它凝聚了几千年来人们在生活、劳动中所积累的智慧和经验，棋路巧妙、棋谱博大精深。旋棋玩法十分简单。有条件的，可用纸和笔画好完整的棋盘，在室内正儿八经地对弈；没条件的，则只需在野外找一块平整的地方，用小木棍画上棋盘，再找来几十颗小石子当棋子，席地而坐，两人也能玩上半天。孩子们利用节假日甚至利用课余的空隙时光玩上几盘，赢了的自然兴高采烈、踌躇满志，输了的心里稍微不快，当然也不会轻易报输，暗下决心，欲后来者居上，再一决雌雄。下旋棋既可以相互切磋、共同提高棋艺，又可以激励后来者奋发向上。但是随着时代的变迁，现在孩子们却不知此棋类游戏为何物了，这不能不说是一种遗憾。

这是一种培养、提高人们的智力和动手能力的娱乐游戏。

游戏说明

玩旋棋游戏前，首先要制好一个完整的棋盘，然后找来黑白各 14 颗棋子。

棋盘并不复杂，制作方法具体见下图。在一张正方形的纸上打格子，分成 6×6 格，一共 36 个格，形成 49 个点，然后在四个角上画上四只“耳朵”，即旋转圈。如何画“耳朵”呢？一个“耳朵”有内外两个圈，每个“耳朵”一样大小，每个角上的两个第二点用弧形连起来成为内圈，每个角上的两个第三点用弧形连起来成为外

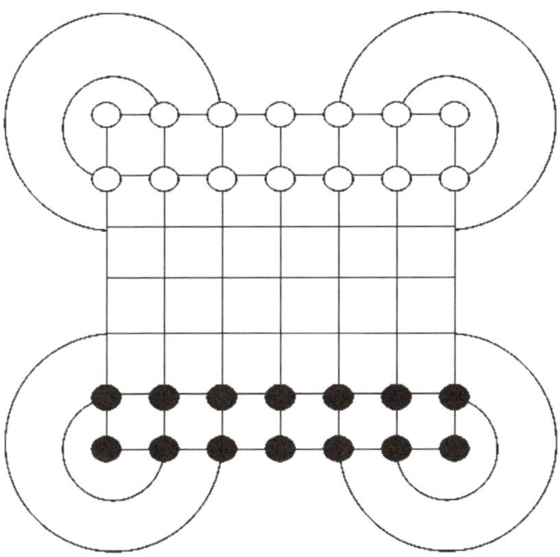

旋棋棋盘

圈，这样四只“耳朵”画好，整个棋盘就制成了。此棋一共有 28 颗棋子，双方各 14 颗，可以用黑白来区分，棋子大小可根据棋盘情况而定，棋盘大的棋子相应大一点儿，反之亦然。

如何下旋棋呢？双方各在自己一边的第一条、第二条线的交叉点上摆上 14 颗棋子，然后两人进行对弈。对弈时，双方轮流在点上走，每次只能走一个格，前后左右皆可走；弈棋以吃棋子为目的，谁先吃光了对方的棋子，谁就为赢，哪怕他自己只剩一颗棋子。怎样才能吃棋子呢？若要“吃”对方的棋子，自己的棋子必须通过“耳朵”，转过去碰着了就能吃对方的棋子；只有通过“耳朵”的棋子才可以任意多走，走的点数不限，以碰到对方棋子为止；若有自己的棋子阻挡着“飞行”去路，则不能旋转；如果无棋子可吃，那么就不能旋转通过“耳朵”，只能一个点一个点地走，旋转目的是吃棋子而不是走棋子；当然，每一次的“飞行”最多只能吃掉对方一个棋子，不能连续吃。

看似简单玩法的棋子，其实暗含玄机，棋路巧妙而高深，不是单纯靠运气就能取胜的，技艺、战术战略都要多多练习，熟能生巧。

游戏规则

1. 对弈

比赛开始前，以抽签的方式决出谁先走。

以下判为犯规：

(1) 任意在“耳朵”上空旋转的；

(2) 每次走两点的。

犯规三次被判为输；谁先吃光对方的棋子，谁便获胜，下一局胜者先走；三局两胜制。

2. 集体竞赛

集体对弈的规则同上。先进行小组赛，胜者进入下一轮，以此排定名次。

游戏要求

(1) 对弈人数为 2 人，竞赛人数不限。

(2) 每局时间以 20 ～ 30 分钟为宜。

(3) 场地不限，室内野外均可，大小视实际情况而定。

(4) 所需道具与器材，除了棋盘与棋子之外，还应准备相应的桌椅。

猜子棋

游戏渊源

这是在全国各地、各民族间广为流传的民间棋类游戏，因棋子简易，棋盘随地可画而成为老少皆宜的群众性娱乐活动，但地区之间仍有所差别，名称也各不相同。有的称之为“天棋”，因在棋盘上设有“地牢”和“天堂”故而名之；也有的称之为“侏儒”棋，立意有些不明。不仅如此，此棋的下法也各有差异。有的走到白点之后，还要再走回来“探新”才能算赢；有的走入“地牢”要停走三次，意为“囚禁三年”；有的进入“天堂”也要停走三次，意为在此“读书三年”等。猜子棋与别的民间棋类也有差别，首先它不是两人对弈，而是三人同弈；它不是轮流走子，而是谁猜到了他的那个“数字”才能走一步。因为必须猜子，所以叫作“猜子棋”。此游戏玩起来挺有意思，不仅靠智慧动脑筋，还要碰运气，主要表现在如何猜准棋子数需要动一番脑筋。此游戏在 20 世纪 80 年代前特别流行，如今玩此棋者已凤毛麟角了。

这是一个培养、提高和锻炼人们分析和判断能力的娱乐游戏。

游戏说明

玩棋前首先画一个棋盘（见下图），在一个正方形纸的中央画上两个大小不同的正方形，再画上纵横两条直线，两条直线垂直相交于正方形中心，然而在纵、横线上分别画八条短线，其中纵线上方的最后一道横线为终点线，可用白色圈点表示，各线交点都为三者走棋的线路。

具体玩法：三人玩，可分甲、乙、丙三方。三方可在▲处各放一颗棋子，颜色或形状各不相同，以便于区分，每人另外还拥有三颗

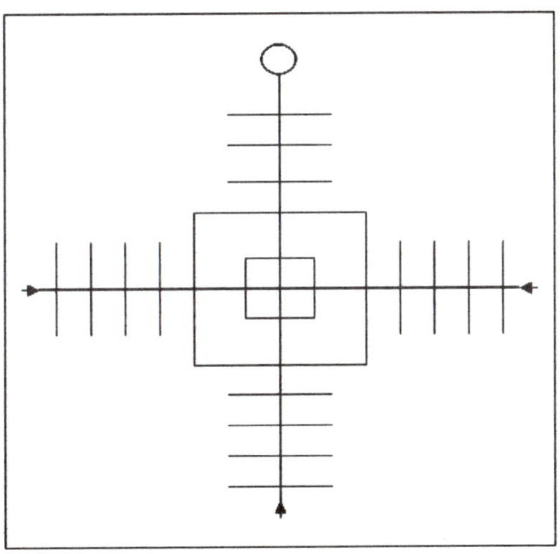

猜子棋棋盘

子。玩棋开始时，各人在手中放上一定数量的子，可以有 1 ~ 3 颗，或者不放为“空”；当喊“一——二——三 ”或者“预备——开始”时同时摊开手心，然后统计三人手中的总数，如果是 1、4、7 数则甲可走一步，如果是 2、5、8 数则乙可走一步，如果是 3、6、9 数则丙可走一步，不是属于自己的数则本方不能走棋；依次走向白色“〇”的终点，谁先到白色终点，谁就获胜。

此游戏的关键在于猜准棋子数量，谁猜得准谁就有机会多走棋，就能获胜，这与出子时的分析和判断能力相关；要赢棋靠的是七分智慧，还有三分运气；当然熟能生巧，多多练习则有赢棋的可能。

游戏规则

（1）对局。对局为三人赛，裁判用抽签的方式将三人分为甲、乙、丙。猜棋子记数可由裁判执行，甲、乙、丙逢数走棋，如若哪位的棋子在通往终点线上被压（即都站在同一条短线上），谁就要停走一次；谁最先走到终点，谁就获胜。

（2）集体竞赛。集体赛的规则同对局战。先进行小组赛，小组数必须为 3 或 3 的倍数，如 3、6、9，待赛出前 6 名，最后进入决赛，以此排定名次。

游戏要求

（1）对局赛人数为 3 人，集体竞赛人数以 9 ~ 30 人为宜。

（2）时间一般以 30 ~ 60 分钟为宜。

（3）场地不限，室内野外均可，大小以实际情况而定。

（4）除棋盘和棋子、猜子外，准备相应的桌椅。

网鱼棋

游戏渊源

此游戏是舟山群岛原汁原味的棋类娱乐活动，是舟山人民长期的海洋生活劳动场景中最原始、最精彩的智慧结晶。舟山群岛地处东海渔场，人民素来以捕鱼为主要的生产方式，捕鱼离不开船，更离不了渔网，有船才能出海，有网才能捕鱼，网和鱼息息相关。此棋类游戏简单易行、老少皆宜，而且很有意趣，蕴含着丰富的寓意。该游戏在 20 世纪 80 年代前的舟山渔农村地区十分流行，但是随着时代的变迁、海洋生产结构的改变，现已经消失殆尽。

这是一种培养、提高和锻炼人们动手能力和智力的娱乐游戏。

游戏说明

这个游戏与众不同并富有特色，弈棋只需棋盘和笔之类的东西，而无须棋子。

(1) 棋盘的画法。如下图所示，先用一张白纸画横直对齐的点，横直点的数目不限，可多也可少；下棋者众多则点数多画，反之亦然，这样一个棋盘就画好了。

(2) 下棋的方法。以两人弈棋为例，两人轮流画线，画的线要使两点连起来，横竖都可以画，若一个方块已有三条线，而又正好轮到你加画一条线构成了一方块，这个方块就属于你了。成为你的方块后，你要在内里做上记号，如“○”或“△”或“★”等，主要是为了与他人区分开来；画好方块，你还有机会再加画一线，这样有可能连续得到几个方块，并拥有连续加画线的机会。一旦拥有画线机会就不能弃权，那么就有

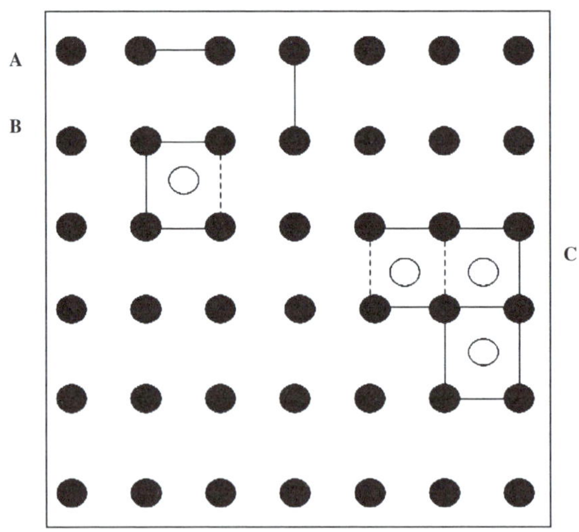

网鱼棋棋盘

说明：

A：加线，纵横均可；

B：三线，加一线可成一方块；

C：连续加线得到多个方块。

可能让他人得到方块。这样一直玩下去，待棋盘上所有的点都成了方块，这局棋就下完了。然后跟下围棋一样再统计胜负，谁得到的方块多，谁就获胜。三四个人的玩法也是一样。

看似简单的下法，其实却暗藏玄机，所以不能茫然下手，需要开动脑筋。有时候，你会功亏一篑，让他人渔翁得利；有时候，你巧设陷阱，会事半功倍连连得手。多加练习走棋，熟能生巧，这是提高棋艺的不二法门。

游戏规则

(1) 这个游戏在玩前，先要画好棋盘，棋盘大小应以人数而定，以 49 ~ 100 格为宜；如棋盘用纸作材料，画笔为圆珠笔；以地面为棋盘时，画笔为粉笔。

(2) 裁判用抽签的方式决出顺序，然后轮流画线。

(3) 每人下笔画线时间超过 15 秒判为犯规，犯规三次则为输，游戏在三人以上者，输者自动退场；二人则对方获胜。

(4) 格满弈棋结束，如果格子数相同，最后以抽签的方式决出胜负。

游戏要求

(1) 人数一般以 2 ~ 4 人为宜。

(2) 时间一般以 30 ~ 45 分钟为宜。

(3) 室内野外均可，场地大小视实际情况而定。

(4) 除棋盘与画笔外，还得准备相应的桌椅。

舟山群岛

传统渔家游艺集萃

第六章

幼儿游戏

丢手绢

游戏渊源

一群小朋友在海滩席地而坐，围成一圈，聆听身旁浪涛声声，头顶蔚蓝色天空与朵朵白云，一边玩着游戏，一边用稚嫩的声音唱着“丢手绢、丢手绢，轻轻地放在小朋友的后面，大家不要告诉他……”的儿歌，这真是一件难忘的乐事呀。每个人都从童年里走过，大多数人都有这样类似的经历。丢手绢的游戏在 20 世纪 80 年代前特别流行，如今在各地的幼儿园里，我们时常还能看到它的踪影，耳畔时常飘过那熟悉的歌谣。

或许是游戏的名称格外可爱，每当提起这个游戏总能让人忆起往昔的岁月，虽然是小朋友们的游戏，但由于活动量少，同样适合老年人、或者与小朋友一起玩。

这是一个提高和培养儿童体能和团结友爱的娱乐游戏。

游戏说明

这是一种表演性极强的游戏。众人围坐成一个圆圈，其中由一孩子拎着手绢，在外围不慌不忙地转悠，坐着的小朋友齐唱着丢手绢的儿歌。丢手绢的小朋友走着走着，乘人不备，把手绢丢在某个小朋友背后，然后仍装作若无其事的样子继续转悠；如果丢下手绢后被这个小朋友发现了，这个小朋友必须拿起手绢马上追赶，追上了，丢手绢的小朋友只好继续在外围重新寻找丢手绢的机会；如果追不上，被丢的这个小朋友替代丢手绢的小朋友，丢手绢的小朋友则坐在他的位置上。

这一游戏看似简单，但同样需要智慧，比如采用“声东击西”等谋略，做出各种假动作麻痹对方，以达到赢的目的。

游戏规则

若干人先用抽签或其他方式选出首个丢手绢者，其他人围坐成一个圆圈，首个丢手绢者在儿歌声中开始丢手绢；玩游戏之前可以设立好规则。

(1) 丢手绢者不能将手绢丢在被丢人背后太远的地方，一般以被丢人的手够着的地方为宜。

(2) 被丢的人不能转动脑袋朝后看，只能用手去摸。

(3) 被丢人发现手绢后去追，追到了为胜者，否则为输者。

(4) 丢手绢的人在没被追到或丢下后走一圈抓到被丢者为胜出。

(5) 输者罚表演小节目一个，唱歌跳舞都行，罚完后，还要继续丢手绢。

游戏要求

(1) 人数不限，一般以 5 ~ 30 人为宜。

(2) 时间不限，但一般不宜过长，以 20 ~ 45 分钟为宜。

(3) 室内野外均可，场地一般以 20 ~ 45 平方米为宜。

(4) 除手绢之外，不需要其他道具和器材。

办酒水（过家家）

游戏渊源

人自古以来就有好奇心和贪玩性，儿童也爱模仿大人的生活，这样“过家家”的游戏就诞生了。几个小板凳围起来就是一个家。一个小枕头就充当一个婴儿，拿起一条床单包裹孩子怕孩子着凉；我是妈妈，邻居的男孩子是爸爸，再找一个用过的奶瓶或者玻璃瓶灌满水，这就给孩子“喂奶”啦，他们常常把小枕头弄得脏兮兮、湿淋淋的。孩童们还会找来被妈妈们废弃的露底铁锅做饭，沙子当米，水当汤，一些野草剁剁来当菜，一桌丰盛大餐就做成了。孩子们还常常模仿隆重的结婚场面，喝喜酒、拜天地、进洞房，没有像样的洞房也不要紧，有时用生产队的废旧仓库，有时就在房檐下。孩子们玩游戏时十分认真，一招一式俨然与实际生活中的大人无二，但是神情稚嫩，令人忍俊不禁，捧腹大笑。在游戏当中，孩子会充分运用想象力、模仿力，回忆平时爸爸妈妈在一起时的情景，把它发挥运用到自己的角色扮演中，使自己的观察力、记忆力和语言表达能力得到进一步提高。

这是一个培养和锻炼幼儿热爱生活、团结友爱的娱乐游戏。

游戏说明

这个游戏是角色扮演，没有输赢，但是经常会有一个“领导式”的孩子来决定谁扮演什么角色。故事的类型大致有这几类：夫妻型、母子型、医生和病人、老师和学生。当时没有什么玩具，家里的东西都是现成的，每次玩的剧情差不多，早上起来给娃娃穿衣服，然后替他洗脸，接着用汤匙喂他吃早饭，经常一边喂奶一边用大人的话哄他，例如“乖乖不要哭、妈妈爱你”，完毕抱着外面闲逛，拍着哄着“他”睡觉，然后轻轻地放在床上，盖上毛巾，如果孩子不乖还要打屁股。还学着医生给孩子打针，一边打一边哄：“啊，好孩子勇敢些，不哭不哭，不痛不痛。”还上演洗衣和做饭之类的剧情，等等。

扮演老师和学生那是上学以后的事，因为老师是权威，所以谁都想争着当老师过把瘾。

游戏规则

这个游戏没有具体规则，但玩时要注意以下几点：

(1) 安全和卫生。家长督管孩子在玩游戏时要注意安全和卫生。

(2) 家长要参与游戏。家长当好导演角色，示范性地教给孩子怎样玩；平时家长多带孩子外出，开阔眼界，丰富生活内容，提供观察和想象的场所和机缘。

(3) 充分利用新玩具。大人应准备好一个玩具娃娃，“过家家”娃娃最好选择塑料制品，四肢能活动的、能坐能起的，娃娃身上的衣服最好能穿能脱，这样便于清洗和消毒，也可以让孩子动手穿脱衣服，同时再准备一些小娃娃的生活用品，如小桌子、小椅子、小柜子、小电话和小餐具等。

游戏要求

(1) 人数一般以 1 ~ 6 人为宜。

(2) 时间不宜过长，10 ~ 25 分钟。

(3) 室内野外均可，场地大小不限，一般 10 ~ 50 平方米。

(4) 道具和器材可根据不同的内容，在市场选购不同的玩具和器材。

敲正月锣鼓

游戏渊源

舟山地处杭州湾以东、浙江省东北部，丰富的海洋资源是当地民众生产、生活的基础，特定的生产方式、生活习俗孕育了独特的民间艺术，舟山锣鼓就是典型代表，主要用于民间的红白喜事、庙会庆典以及渔民祭海等活动当中。舟山锣鼓起源于航海。当航船靠码头时，用它来招徕顾客；航船在途中，用它来助兴解寂寞；船在海上遇到大雾，则用它来传递信息。明清时期，舟山锣鼓成为了水平较高的一门技艺，既有职业的也有半职业的吹打班社，其乐器行当齐全，曲目丰富并世代相传。由于海洋地域的特色，各曲目内容均表现出舟山渔民那种豪爽粗犷的性格，既描绘了战风斗浪的壮阔、惊险场面，又渲染开洋、拢洋等欢腾热烈的气氛，展现出舟山独特的海洋文化和历史风貌。那个时代的少年儿童常常耳闻目睹此种情景和场面，感染了其中的气势和乐章，于是渐渐模仿敲锣鼓的做派，水到渠成地玩起此游戏。可惜的是随着时代变迁，如今已经很难见到少年儿童玩这个游戏了。

这是一个培养少儿艺术素养的娱乐游戏。

游戏规则

舟山锣鼓以锣、鼓、钹及唢呐为基调，间以丝竹，旋律急荡奔放，气氛极为热烈，具有鲜明的海岛特色。当然，在游戏中不可能将整套乐器备齐，只需准备最基础的锣、鼓、钹等几样即可，游戏需要集体配合才能完成。

过去，此游戏是在春节期间进行的，小伙伴们带着响器到街头巷尾敲打，锣鼓点很简单，却十分热闹喜庆。如今可将这一游戏安排在社区、学校操场、旅游景区里进行。若一支队伍那就自娱自乐，可以奏出各种节律和舟山锣鼓名曲；若是两支以上队伍，则可以进行竞赛，或打擂台赛，或轮流对抗赛，由评委会评出优胜者。

（1）擂台赛。以抽签形式先挑选出守擂方，其余参赛队伍为攻擂方；由守擂方挑选出最先攻擂队伍，若守擂方胜出，继续挑选下一轮攻擂者；若攻擂方胜出，则成为新擂主，可以从余下队伍中选出挑战者，直到决出最终胜利者。

(2)对抗赛。所有参赛队伍都要一一进行对抗，每赢一场对抗赛积一分，以最终分论名次。

游戏要求

（1）各参赛人员要具备一定的打击乐技能，也可以现场进行简单的培训。

（2）每支队伍的人数根据需要配备。

（3）以节奏、旋律、组合、美感为评判标准，由评委会判定胜负；评委会成员应该具备一定的音乐素养。

（4）室内野外均可，场地大小视参赛人数而定。

（5）准备锣、鼓、钹等最基本的打击乐器。

扯线棚

游戏渊源

这个游戏也叫“翻线”，是儿童十分喜爱的一种游戏。游戏的历史悠久，流传广泛。清代蒲松龄在《聊斋志异·梅女》中就有封云亭与梅女“今长夜莫遣，聊与君为交线之戏”的记述，这里的交线就是扯线棚。这个游戏在 20 世纪 80 年代前还十分流行，那时的儿童大多数都玩过，尤其是女孩子，但随着时代的变迁，现在已很罕见了。

科学实验证明：人类三分之一的脑神经是与手指相连的，手指运动可有效地促进大脑发育，故被称作第二大脑。扯线棚能有效地训练儿童手指的灵活性，激发儿童的想象力和创造力。一根短短的小绳，由于翻动的方法不同，呈现出千姿百态、形象各异的形状。这个游戏集智慧和魅力于一体，可谓妙趣横生，其乐无穷。通过游戏让孩子们在舞动自己手指的过程中，增强手指的灵活性，丰富和扩大空间的想象力，促进大脑发育，让孩子们在多彩的世界里健康成长。

这是一个培养和提高儿童的情感、团队协作、创作能力的娱乐游戏。

游戏说明

此游戏只需 1 米左右线绳一条，可以一人玩，也可两人玩。

此游戏可激发孩子观察生活、发现问题与探究问题的兴趣；在游戏活动中学会尊重人、帮助人，学习与人交往、与人合作，体会劳动的可贵和创造的喜悦。当然，在体验乐趣的同时，对各种各样翻线游戏要有一定了解，可以学习简单的翻线绳方法，也可以自创新的翻线方法。但无论如何，首先要掌握翻线绳的最基本步骤。

基本步骤经常会被使用，所以务必要记牢

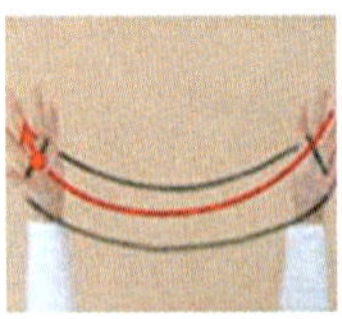

（1）把绳分别挂在左手和右手的拇指和小指上，然后用右手的中指的指背挑●的部分

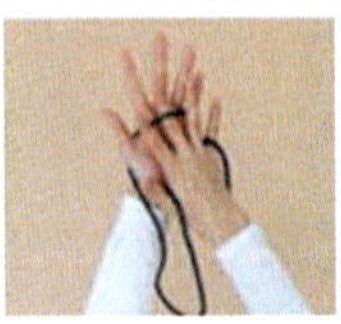

（2）挑的过程

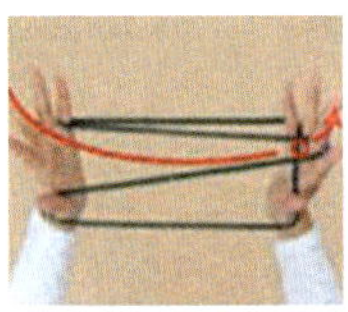

（3）然后用左手的中指的指背挑○的部分

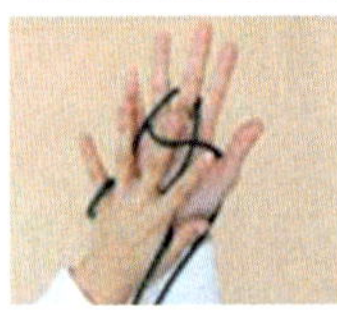

（4）挑的过程

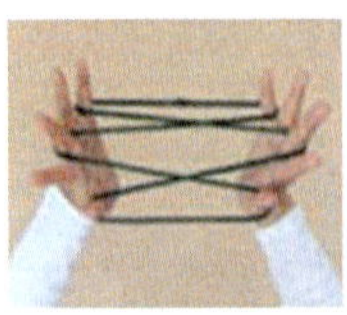

（5）基本步骤就完成了

此游戏一人玩时，用手撑线圈，通过挑线勾线，可以翻出各种形状。常见的有：棋子块、两扇门、大鱼、渔网、香蕉、十字花、井字、房子、花篮、剪子股、面条、老牛槽、花手绢、五角星等。下面介绍单人翻“遮阳帽”的方法。

“遮阳帽”是单人翻线绳中比较简单的游戏，步骤如下：

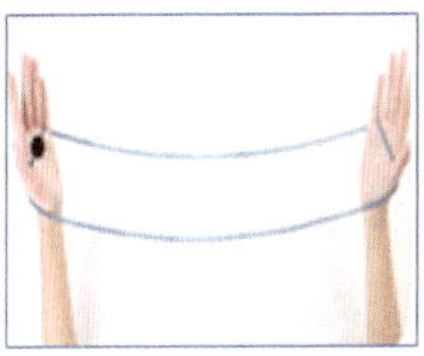

（1）细绳在两手间展开，如图做成一个基本框架，用右手中指挑左手的●处

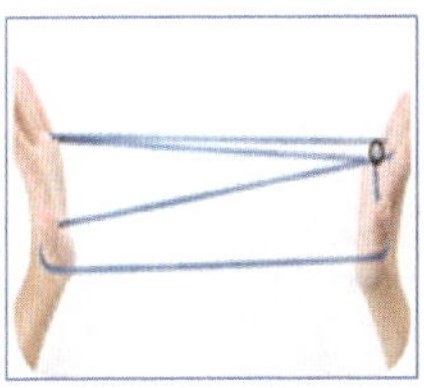

（2）左手中指挑○处

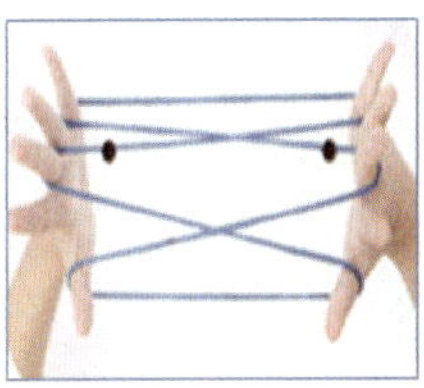

（3）形成中指基本框架。两手拇指挑中指外侧的●绳

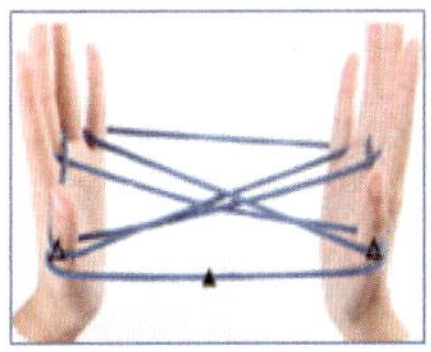

（4）开始准备松开▲绳，△绳保留

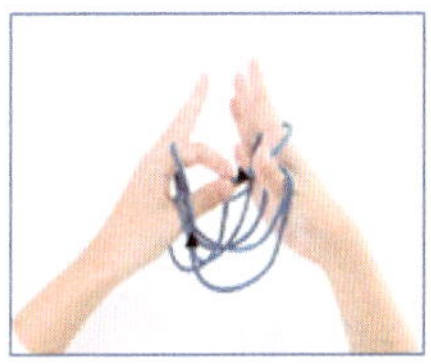

（5）左手将右手▲绳松开，右手松开左手▲绳

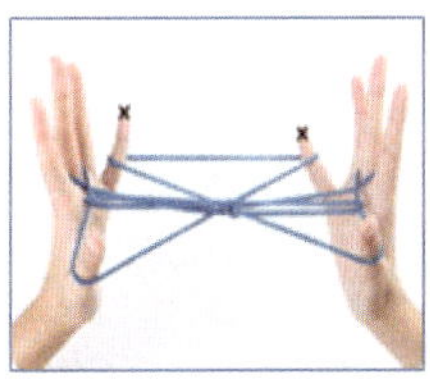

（6）松开小指上的绳子

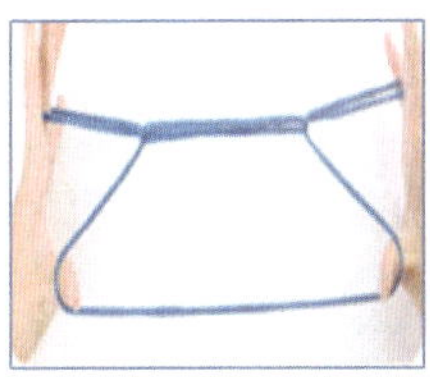

（7）“遮阳帽”就做成了

两人玩时，则一人先用手撑线圈，另一人挑线勾线，并传到自己手上；然后原先挑线的人再接着挑线勾线，也传到自己手上，以此接连反复地进行，翻出各种形状。常见的有：拉锯扯锯、手帕、小河、牛槽、牛槽变手帕、手帕变青蛙等，下面介绍最常见的“文福茶壶”的翻法。

“文福茶壶”是双人翻花绳的代表作。
工具：普通绳
人数：A、B 两人

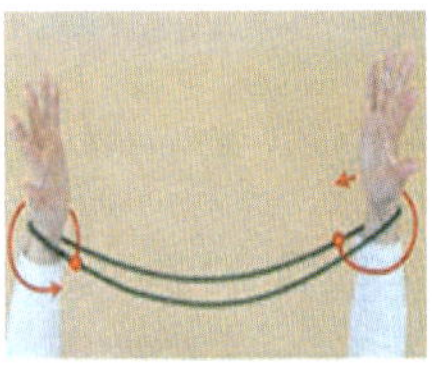
（1）A 将绳挂在手腕上，借助另一只手把●绳缠绕在手腕上

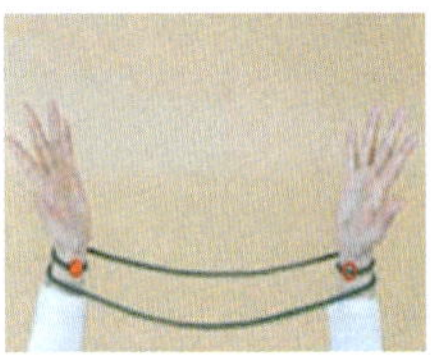
（2）先用右手的中指挑●绳，再用左手的中指挑○绳

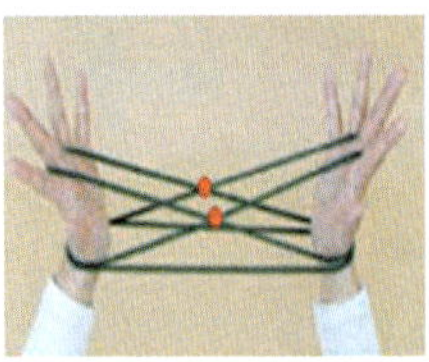
（3）“吊桥”就完成了。这时，用拇指和食指捏住●绳

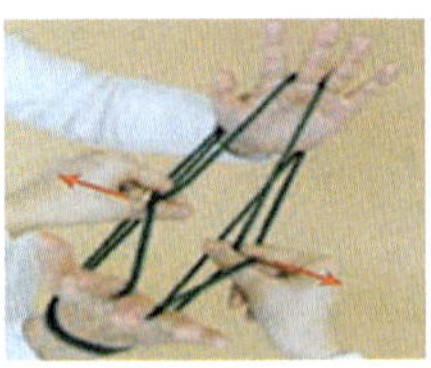
（4）捏住的过程分别向左右拉绳

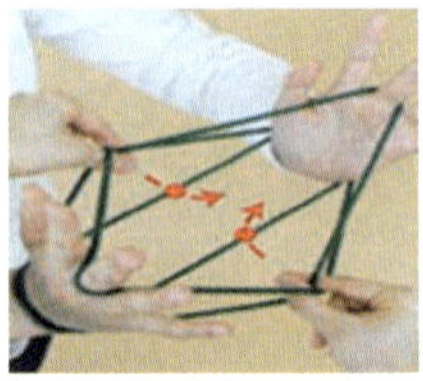
（5）用拇指和食指从下往上翻●绳

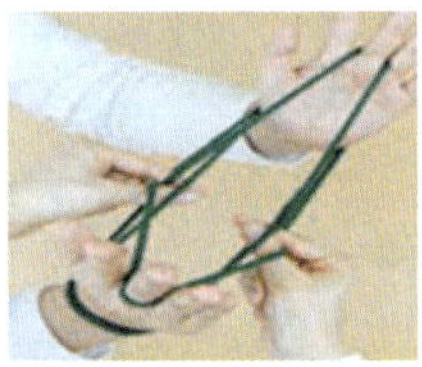
（6）从下往上翻的过程

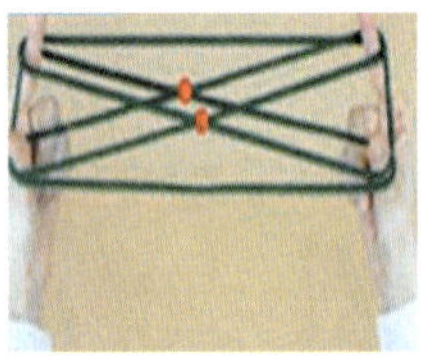
（7）“稻田”就完成了。用拇指和食指捏住●绳

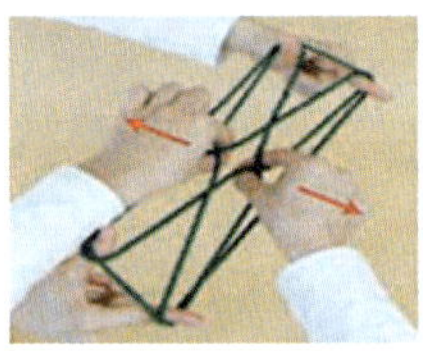
（8）捏住的过程分别向左右拉绳

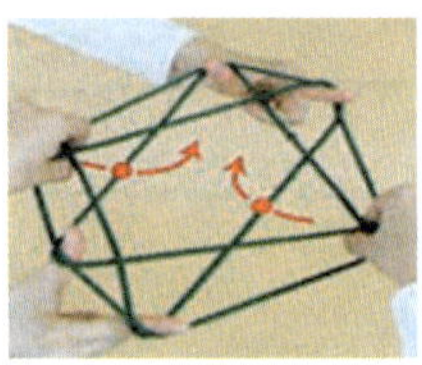
（9）用拇指和食指从下往上翻绳

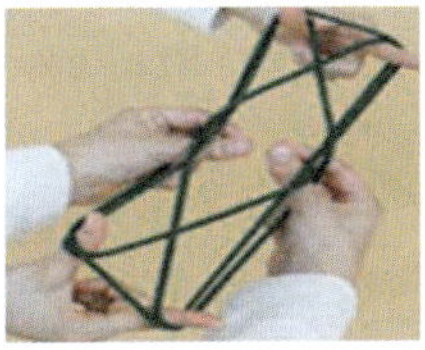

（10）从下往上翻的过程

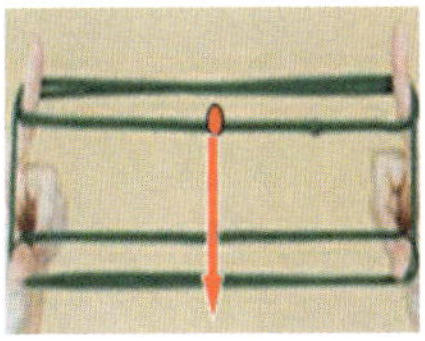

（11）“小河”就完成了。用左手的小指按箭头所示拉●绳

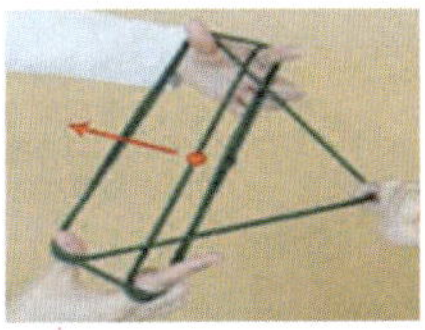

（12）然后用右手的小指箭头所示拉●绳

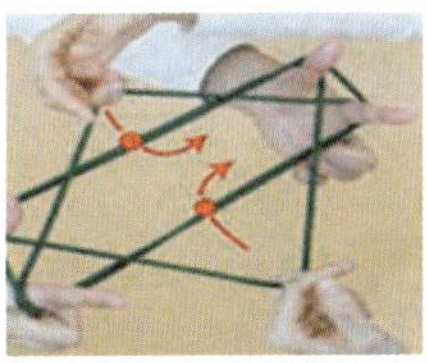

（13）小拇指继续钩住绳，用拇指和食指从下面挑●绳

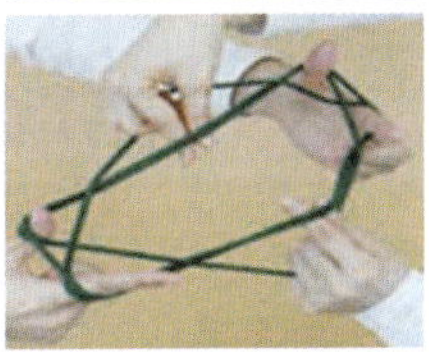

（14）挑的过程

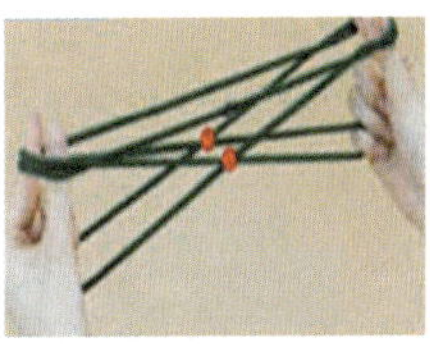

（15）“铁桥”就完成了。用拇指和食指捏住●绳

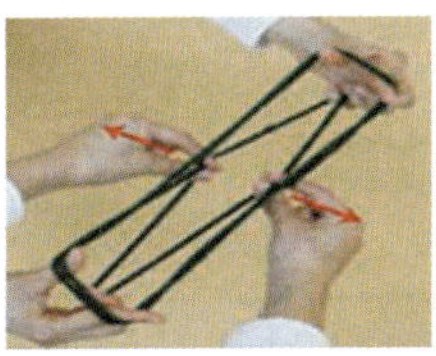

（16）捏住的过程分别向左右拉绳

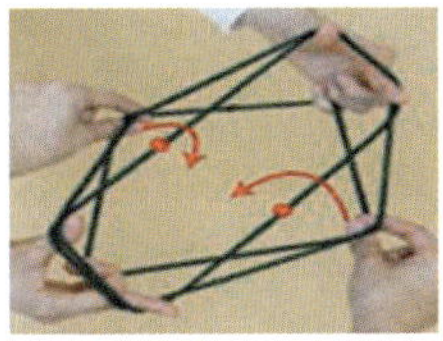

（17）拇指和食指从上往下挑●绳

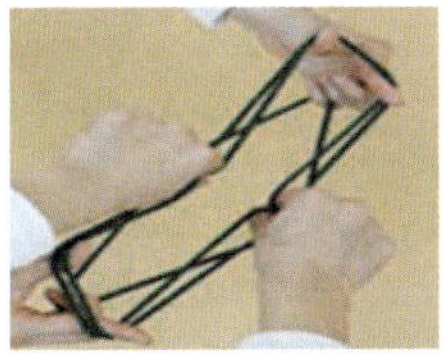

（18）从上往下挑的过程

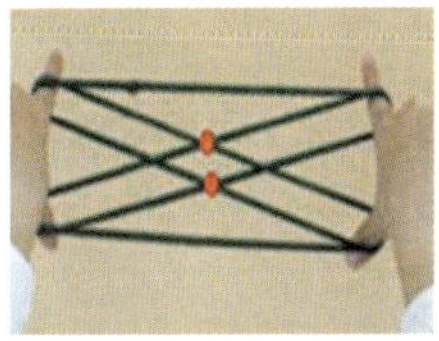

（19）“稻田”就完成了。用拇指和食指捏住●绳

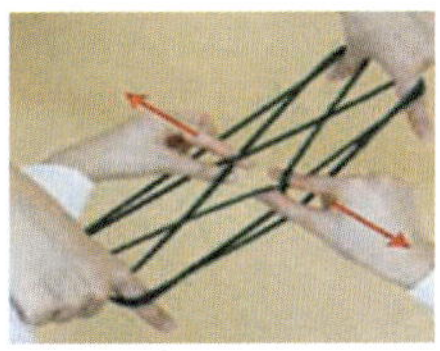

（20）捏住的过程分别向左右拉绳

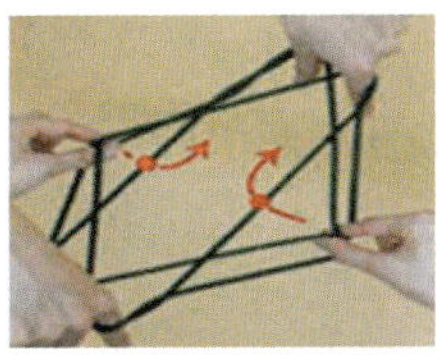

（21）用拇指和食指从下往上挑●绳

（22）从下往上挑的过程

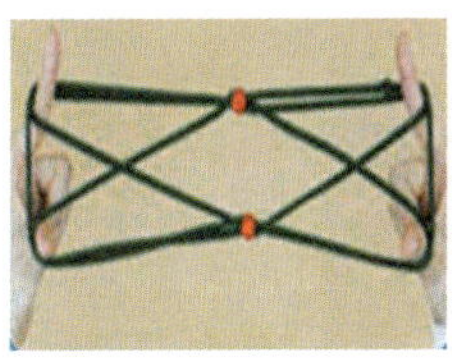

（23）“马眼”就完成了。用拇指和食指捏住●处

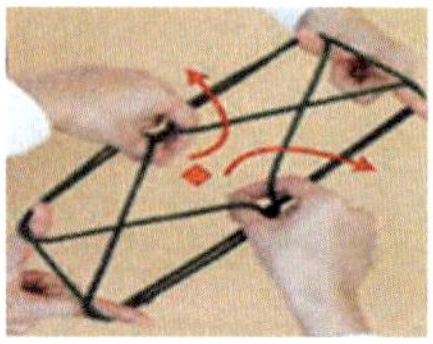

（24）捏住后指尖朝上从●翻出

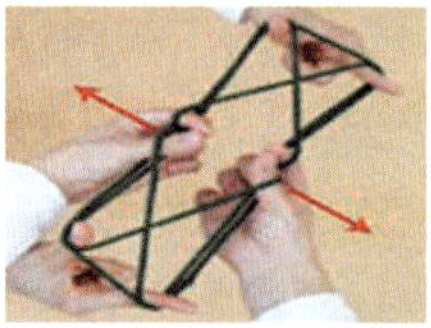

（25）左右手分开

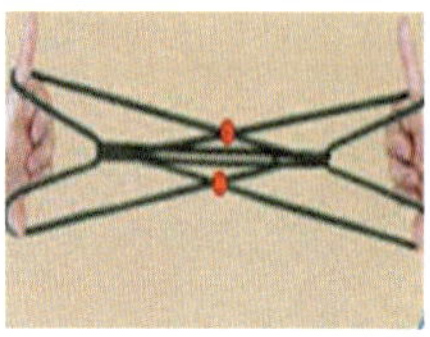

（26）“青蛙”就完成了。用拇指和食指捏住●处

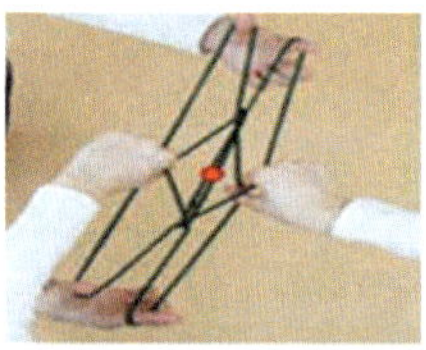

（27）拇指和食指从下穿入到2根●绳中，向上翻出

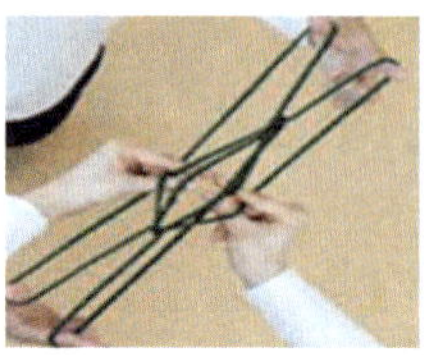

（28）翻的过程

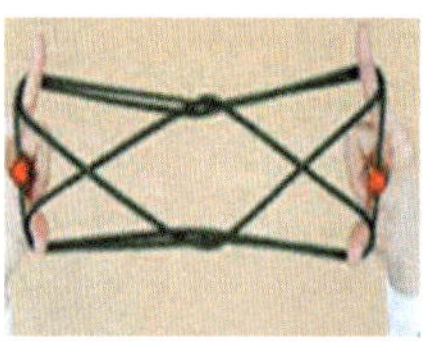

（29）翻出“菱形”，用小指钩住●绳

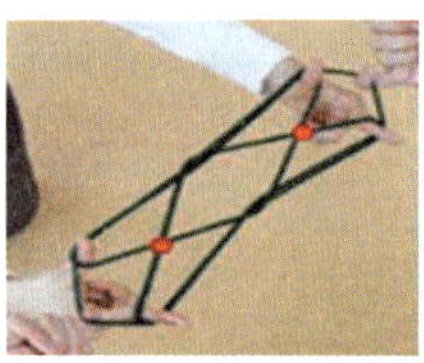

（30）用拇指和食指捏住●处

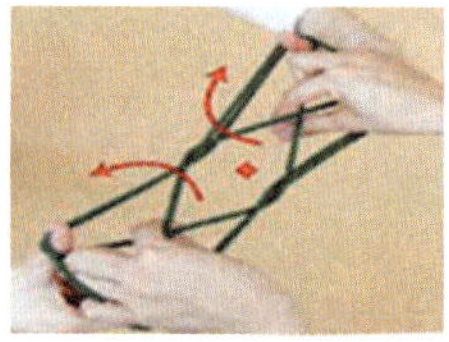

（31）捏住后指尖朝上从●翻出

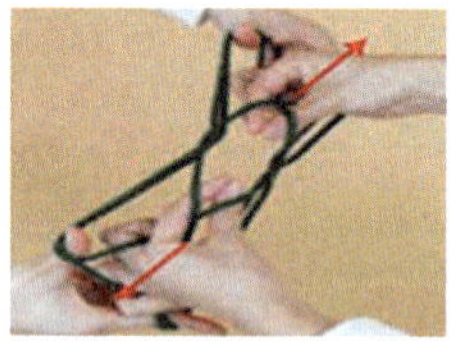

（32）左右手分开

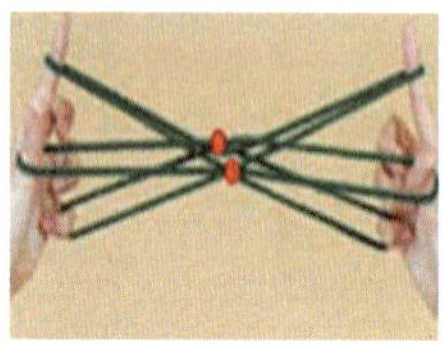

（33）“文福茶壶”就完成了。用拇指和食指捏住交叉着的●处

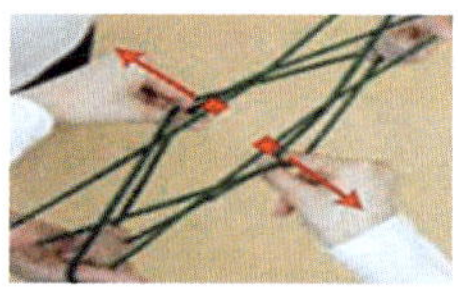

（34）捏住的过程。此时注意不要碰到●绳，然后左右向外拉开绳

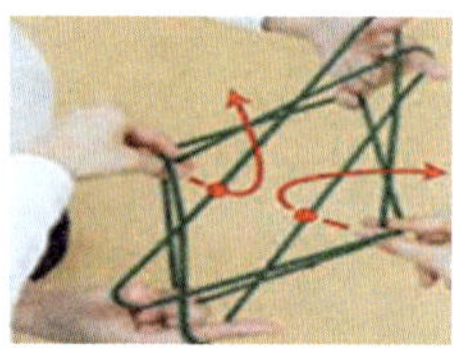

（35）用拇指和食指从下往上从●处翻出

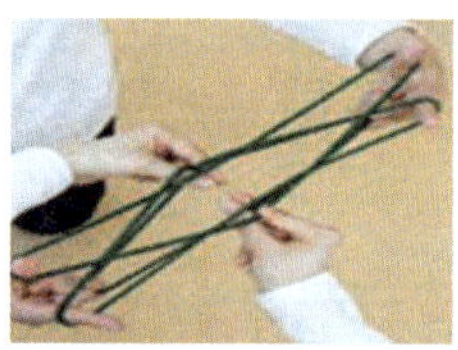

（36）翻出的过程

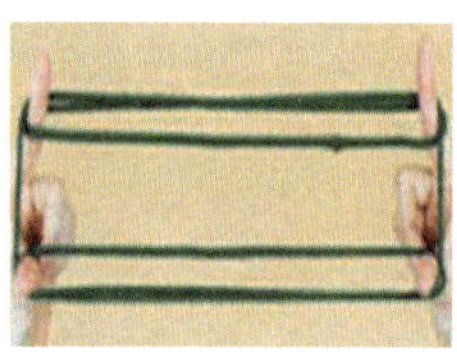

（37）翻出“小河”，这样可反复地玩

游戏规则

1. 单人翻线

(1) 各参赛者在规定时间内，翻出指定的几种形状，谁翻得形状正确并最快，谁就获胜，以此排定名次。

(2) 各参赛者在规定时间内，自由翻出各种形状，谁翻得最多且形状正确，谁就胜获，以此排定名次；如果成绩相同，找出同一形状再翻一次，看谁快且正确，谁就是赢家。

2. 双人翻线

指定图案形状，两人比赛翻钱。在翻线过程中，如果谁翻坏了线或者翻出的花样让别人无法翻下去，那谁就输了一局。五局三胜制，每局翻形状不相同的线。

3. 创新翻线

各参赛者在规定时间，单人翻出新花样，谁翻出种类最多谁就赢了。

游戏要求

(1) 人数一般以 2 ~ 6 人为宜。

(2) 时间不作限制，一般 20 ~ 30 分钟。

(3) 室内野外均可，场地大小视情况而定。

(4) 除了线绳之外，无须任何道具与器材。

比口气长短

游戏渊源

这个游戏比猜拳还要简单，什么工具都不需要，全凭一张嘴。至于此游戏由何时、何人所创，则无人知晓，无证可考。游戏类似绕口令，玩起来很有乐趣，既锻炼了肺活量又提高了语言水平。20 世纪 70 年代之前，该游戏还十分流行，随着时代的变迁，渐渐地就见不到了，如今已销声匿迹。

这是一个锻炼少年儿童身体肺活量、提高语言表达能力的娱乐游戏。

游戏规则

游戏主要比赛口气长与短，或者说是比憋气时间的长短。若干人以抽签方式决定比赛顺序，然后轮流比赛。主持人下达“开始”命令后，参赛的人开始说：“冬瓜冬瓜落地开花”，然后一口气说十八只冬瓜，“一只冬瓜挈来甩、二只冬瓜挈来甩、三只冬瓜挈来甩……”顺着说下去，能说多少就多少，谁在一口气之内说的冬瓜数最多，谁就赢了，以此排定名次。

以下情形者取消成绩：

(1) 中间停顿，停顿时间等于或超过句子中逗号停顿时间；

(2) 语言含糊不清者。

游戏要求

(1) 人数一般 2 ~ 5 人为宜。

(2) 时间不限。

(3) 场地不限，室内、野外均可。

(4) 无须道具和器材。

拍 七

游戏渊源

玩该游戏没有数学概念和知识不行，最起码要懂得倍数的概念。通过玩游戏可以培养和提高幼儿对抽象的数学概念的感性认识。有时在校园，有时在校外，大伙儿聚集一起，玩起“拍七”游戏，气氛活跃，赢了的还想再赢，输了的还想赢回来，其乐融融。该游戏于 20 世纪 70 年代前非常流行，随着社会的前进和时代的变迁，现在已经销声匿迹。出生在 20 世纪 70 年代以前的人们只能将这游戏留在脑海里，留作美好的回忆。

这是一个培养和提高幼儿识数能力，锻炼幼儿大脑灵敏度的娱乐游戏。

游戏规则

所谓“拍七”，就是大家围坐在一起，每人顺序说数字。首先，参赛者围坐在一张桌子前，最好是一张圆桌；主持人指定第一个人说1，然后大家按顺时针方向顺序说下去，第二个人说2，第三个人说3……以此类推，一直数到100。数到7的人在说的同时拍一下桌面，这个7为“明七”。“明七”是带有7的数，如7、17、27等。“暗七”是7的倍数，如14、21、28等，数到“明七”时又拍又说，数到“暗七”时只拍不说。

出现以下情况者都判输。

若有人轮到“明七”时不说光拍，或者轮到“暗七”时又说又拍，或者把其他数字当成“明七”或“暗七”，那么该游戏者就输了。

只要有人输了，游戏就要重新开始，并从输者旁边的那个人开始数1。在这场游戏当中，谁没有输或者输得最少，谁就是赢家，名次以此排定。

这个游戏看起来似乎十分容易，可是玩起来却不那么简单，它既可以提高人的反应能力，又能锻炼人的心理素质。如果举一反三，根据拍七的游戏规则，还可玩拍三、拍四、拍五、拍八等。

游戏要求

(1) 人数一般以5～8人为宜。

(2) 时间不限。

(3) 场地不限，室内野外均可。

(4) 除一些桌椅外，无须其他道具和器材。

荷花荷花几月开

游戏渊源

荷花是一种非常漂亮的花卉，产于亚洲广大地区，从越南到阿富汗都有。早在三千多年前我国就有栽培，现今在辽宁、浙江都发现过碳化的古莲子，可见历史之悠久。荷花也是中国十大名花之一，不仅花色清艳，香气远溢，凌波盖翠，而且有着很强的适应性，既可以广植湖泊，蔚为壮观，又能盆栽插瓶，别有情趣。自古以来，荷花就是宫廷花圃和私家庭院的珍贵水生花卉，在现代风景园林中越发受到人们的青睐，种植更加广泛。虽然创作此游戏的年代无从考证，但是悠久的荷花种植历史促使该游戏产生倒是顺理成章的事，孩子们就像喜欢荷花一样喜爱和青睐这个游戏也不足为怪了。直到今日，我们在各地的幼儿园里还能见到“荷花荷花几时开”这个游戏。

这是一个培养幼儿对花卉的兴趣和增强植物知识的娱乐游戏。

游戏规则

由数个小朋友手拉着手围成一个圆圈，圈里站着一个小朋友。然后大家围在一起唱:“荷花荷花几月开？一月开；一月不开几时开？二月开；二月不开几时开？三月开；三月不开几时开？四月开；四月不开几时开？五月开；五月不开几时开？六月开；六月荷花朵朵开！”随着歌声，站在圈中间的小朋友猫着腰按顺序穿越每两个小朋友的中间，头部不能触到两个人的手，当大家唱完歌时，看中间转圈的这个小朋友落在谁的边上，就用膝盖顶这两个小朋友拉在一起的手，如果顶不开他们的手，那么这个小朋友就输了；如果顶开了，就胜出。

游戏时需要注意的事项：

(1) 每两人所拉的手在唱歌的过程中要向上举起不能垂下，当唱完歌才垂下让圈中人用膝盖顶；

(2) 圈中人在游戏中不能用头部触及两人的手，犯规三次就算输。

输者罚表演节目一个，若输者为拉手的两人时，可以共同表演一个节目，也可以每人各表演一个节目。输者再轮为下轮游戏的圈中之人，如果连输三场，将被罚出局；如果是两人，再以抽签的方式选出圈中人。

游戏要求

（1）人数一般以 6 ~ 15 人为宜。

（2）时间不限，但不宜太久，一般为 20 ~ 40 分钟。

（3）室内室外均可，场地大小以 25 ~ 50 平方米为宜。

（4）无须任何道具和器材。

斗 草

游戏渊源

20 世纪 70 年代该游戏在舟山渔农村地区十分流行，但谁也不知晓它是古代流传下来的。白居易《观儿戏》一诗就说道：“弄尘复斗草，尽日乐嬉嬉。”宋朝晏几道在《临江仙·斗草阶前初见》里也写道：“斗草阶前初见，穿针楼上曾逢。罗裙香露玉钗风。靓妆眉沁绿，羞脸粉生红。流水便随春远，行云终与谁同。酒醒长恨锦屏空。相寻梦里路，飞雨落花中。”宋李清照的《浣溪沙·淡荡春光寒食天》有“淡荡春光寒食天，玉炉沉水袅残烟，梦回山枕隐花钿。海燕未来人斗草，江梅已过柳生绵，黄昏疏雨湿秋千”的诗句。有文献记载的斗草活动始于南北朝时期，南朝梁代的宗懔在《荆楚岁时记》中写道："五月五日，四民并踏百草，又有斗草之戏。"百草观念源于古人万物有灵的自然崇拜，认为草可祛病辟邪，得福延年。斗草游戏到了唐朝已经十分盛行，宋代该游戏仍然流行。《岁时广记》卷二一有"斗草戏"条："今人又有斗百草之戏。欧阳公诗云：共斗今朝胜，盈襜百草香。章简公《端午帖子》云：五蓂开瑞荚，百草斗香茗，又云：五月看花怜并蒂，今朝斗草得宜男。"可见儿童是斗草的主要参与者；辛弃疾《一枝花·醉中戏作》中就有"似斗草儿童"。与民间一样，宫中也盛行斗草。汪卓《贺新郎·开禧丁卯端午中都借石林韵》中记道："有宫中，斗草盈盈女。"根据以上所述，唐宋斗草活动方式颇为相似。

斗草游戏意趣浓浓，意味深长，可遗憾的是，现今已经不再流传，人们再也观赏不到这意趣横生的场景了。

这是一个培养和提高儿童对大自然和百草认识水平的娱乐游戏。

游戏规则

斗草又称"斗百草"。通常有"文斗"和"武斗"两种。"文斗"一般是闺中女孩儿的游戏项目。《红楼梦》第六十二回，就对"文斗"这一有趣的游艺活动作过精彩的描写："小螺和香菱、芳官、蕊官、藕官、荳荳官等四五个人……大家采了些花草来兜着，坐在花草堆中斗草。这一个说：'我有观音柳。'那一个说：'我有罗汉松。'那一个又说：'我有君子竹。'这一个又说：'我有美人蕉。'这个又说：'我有星星翠。'那个又说：'我有月月红。'这个又说：'我有《牡丹亭》上的牡丹花。'那个又说：'我有《琵琶记》里的枇杷果。'"通过这段描写，可以看出这是一种极为高雅的游戏。

如今，"文斗"只在文学作品中可以看见，而"武斗"则是我国广大农

金廷标《群婴斗草图》(细部)

村地区儿童玩耍的主要斗草形式。游戏时需要两人各用一根草茎勾起来扯拉比斗，故称斗草。每逢春末夏初，在舟山群岛的渔农村里，儿童或于田埂，或在山坡，或在树林中采集满兜的欲斗之草，三五成群聚集于庭院场坪，席地而坐、两两对拉，各自拿出一根，互相勾搭，使劲拉扯，以不断者为胜，断者为输。

舟山地区所斗的草，本地人叫“天君叠”，它的学名叫“车前草”。因为“车前草”的草茎坚固韧性特别好。

游戏之前，参与者先要在野外采集车前草；将若干人分成两人一组，五局三胜制；在每组的胜者之间最终决出冠亚军。

游戏要求

(1) 人数不限，以两人为一组。

(2) 时间不限。

(3) 场地不限，室内野外均可。

(4) 除所斗的草之外，无须任何道具和器材。

踢踢扳扳

游戏渊源

由于年代久远，这游戏形成的确切时间已无从考证，但玩游戏时的歌谣却流传下来，且各地都有不同版本。著名作家周作人在《儿歌之研究》里这样说道："越中小儿列坐，一人独立作歌，轮数至末字，其人即起立代之，歌曰：铁脚斑斑，斑过南山，南山里曲，曲里弯弯，新官上任，旧官请出。此本抉择歌，但已失其意而为寻常游戏者，凡竞争游戏，需一人为对手，即以歌抉择，以末字所中者为定，其歌词率隐晦难喻，大抵趁韵而成。"顾颉刚在《吴歌甲集》中以《踢踢脚背》为题介绍了这首歌谣："踢踢脚背，跳过南山，南山扳倒，水龙甩甩，新官上任，旧官请出，木渎汤罐，弗知烂脱落（那）里一只小弥脚节头（小拇脚趾头）。”所以也称缩脚游戏。相信对于20世纪六七十年代出生的许多舟山人来说，这儿歌耳熟能详，它伴随着许多人走过单调而美好的童年时光，但却很少有人能解释该歌谣所表达的含义。该游戏现在踪影俱无。

这是一个培养幼儿情趣的纯粹娱乐游戏。

游戏说明

此游戏不局限于人数，人多人少均能玩，只需所有玩的人在长凳上或石阶上或者干脆在地板上并排坐好，伸出两只脚，并异口同声地念：“踢踢扳扳，扳过南山，南山扳倒，猪鬃买牛，牛蹄马脚，削落地主勾一脚。”一边念一边由最左边或者最右边的脚开始数数，每个字相对应一只脚，“勾”就是缩的意思，游戏的重点完全在最后“勾一脚”的“脚”字上，按顺序这个“脚”字落在哪只脚，便要将哪只脚缩回去。游戏再从那只脚相邻的脚开始数，周而复始，直到有人两只脚都缩回去，这个人就自动退出，剩下的人继续玩。

这游戏不需要什么技巧，只是碰运气而已，这就显得越发乐趣无穷。

游戏规则

游戏主持人准备好一根指挥棒；参与游戏者在凳子上并列坐妥；游戏开始时念歌谣，歌谣每个字相对应的是每只脚步，指挥棒顺着顺序点过去，点到最后的“脚”字时，那只被点到的脚就要缩回；循环重复；缩回两只脚者退出游戏，剩下的人继续，最后剩下的就是胜利者。

游戏要求

（1）人数一般以 5 ～ 20 人为宜。

（2）时间一般以 20 ～ 45 分钟为宜。

（3）室内野外均可，场地大小以 20 ～ 30 平方米为宜。

（4）道具只需一根指挥棒。

拍麦

游戏渊源

金灿灿的麦田一望无际，微风吹来麦浪滚滚；农民伯伯把麦子收割下来，运到打谷场上，在石板上或在竹棚上将它们摔打下来，摔打时不时发出“踢踢啪、踢踢啪”清脆悦耳的声音。有人根据打麦子的情景创作了这个游戏并代代相传，并在 20 世纪 70 年代前的渔农村地区广泛流行；但随着时代的变迁此游戏早已隐退于历史舞台。

这是一个培养幼儿团结友爱的娱乐游戏。

游戏规则

此为两人玩耍的游戏，简单易行，纯属表演，不分胜负。游戏的主要程序是二人边唱歌谣边交替握住对方的双手。歌谣的内容为："一箩麦、二箩麦、三箩麦、四箩麦。踢踢啪、踢踢啪，一起打大麦！"游戏可按以下步骤玩耍：

（1）甲和乙面对面坐好，甲把乙的双手紧握在自己双手中间，一边念歌谣"一箩麦"，一边把自己的双手抽回；

（2）甲把自己的双手抽回再伸出自己的双手，乙则把甲的双手握在自己双手中间，一边念歌谣"二箩麦"，一边再抽回自己双手；

（3）在乙很快抽回自己双手的同时，甲一边把乙的双手又握在自己双手中间，口念："三箩麦！"再抽回自己的双手；

（4）乙再重复上述动作（2）的同时念"四箩麦"，然后甲与乙再交叉拍手，口念："踢踢啪、踢踢啪，一起打大麦！"拍手速度与歌谣相协调。

游戏要求

（1）人数为2人一组。

（2）时间不限。

（3）场地不限，室内野外均可。

（4）无须任何道具和器材。

猜谁走过

游戏渊源

这是很久以前就出现了的民间游戏。玩起这种智力型游戏总让人激奋不已，其乐融融，富有情趣。但是，随着时代的变迁，现在几乎没有人玩此游戏，20 世纪 80 年代以后出生的人更是闻所未闻，见所未见。

这是一种锻炼和培养幼儿分析和判断能力的娱乐游戏。

游戏规则

此游戏简单易行，连蒙眼睛的道具都可以不要，只用人的双手去蒙。但看似简单的游戏，若想玩得巧妙，也是很不容易的。难就难在这个猜上面，你想呀，一个被蒙了双眼的人要猜对从自己面前走过的人，这谈何容易？这就需要开动脑筋，运用心智，察言观色了，需要分析和判断能力，才能从游戏者中揪出那个走过的人。同样，被猜的人也要具有良好的心理素质，如果那个被形容被描述的人正是你自己，而你又被盯上的话，千万不能心虚和紧张；否则很容易表现在脸上，那就有被猜中的危险。

游戏说明

(1) 由主持游戏者用布蒙住一个人的眼，其他人在他面前走过；走过时要表演一个动作，主持人根据他们的动作用语言归纳说出是什么样的人走过，如挑担的人走过，吃面条的人走过，搔头皮的人走过，抱小孩子的人走过等。

(2) 主持人解开猜者的蒙眼布，让其说出刚才走过的是谁，如谁是挑担的人，谁是吃面条的人等。

(3) 如果猜对了，则由被猜者当蒙眼人；如果没猜对，原来的那个人再次当蒙眼人，游戏继续。可以连猜三次。

游戏要求

(1) 人数一般以 5 ~ 10 人为宜。

(2) 时间不限。

(3) 室内野外均可，场地一般以 15 ~ 30 平方米为宜。

(4) 除了一块蒙眼布之外，无须其他道具和器材。

后记

舟山地处中国东部黄金海岸线与长江黄金水道的交汇处，是中国东部沿海和长江流域走向世界的主要海上门户、长三角经济圈最初的15个城市之一，也是全国唯一以群岛设市的地级行政区。舟山群岛有1390个岛屿。群岛之中，以舟山本岛最大，因其“形如舟楫”，故名舟山。舟山港湾众多，航道纵横，水深浪平，是中国屈指可数的天然深水良港，也素有“东海鱼仓”和“中国渔都”之美称。

有别于内陆农耕文化，舟山传统文化的根在海洋、特色也在海洋。从历史上看，早在新石器时期，舟山群岛上就有人类樵山渔海，生息繁衍。本岛西北部的马岙镇发现了被称为“千岛第一村”的唐家墩遗址群，原始先民们6000多年前就创造出神秘灿烂的“海岛河姆渡文化”；在该遗址上还发现了稻谷痕迹，证明舟山群岛是中国水稻东传日本的海上通道。《史记》中也载有徐福赴蓬莱、方丈、瀛洲寻长生不老仙药的传说，其中的“蓬莱仙岛”即为舟山境内的岱山岛。春秋时期，舟山隶属越，称“甬东”（甬江之东），又喻称“海中洲”；唐开元置“翁山县”，北宋设“昌国县”，元升县为州，明洪武二年（1369年）又改州为县。明、清朝廷实行海禁，多次废县并将居民徙迁内陆；中华人民共和国成立之后，舟山的经济、社会都得到发展，2011年，国务院正式批复建立舟山新区（特区），地位等同于浦东新区。

悠久的历史和特殊的地理孕育出舟山群岛璀璨的海洋传统文化、浓郁粗犷的海洋民俗文化、瑰丽奇秀的海洋景观文化、闯荡四海的海洋商贸文化和鱼水情深的千岛“双拥”军事文化，得天独厚的“港、景、渔”资源和海洋地质环境孕育出丰富多彩、风格独特的民间游艺活动。海岛传统民间游戏有着深厚的文化渊源与多方面的社会功能，积淀着海洋文明的丰厚内涵，是海岛地区生产、生活的积淀，反映了海岛地区特有的社会方式，更是海岛居民娱乐后代、教育后代的一种传统方式。

然而，在舟山群岛，那些曾经给一代又一代的孩子们带来无尽欢乐的海岛传统民间游戏也与其他地区一样正在消逝，这给传统民间游戏的传承、发展带来严峻挑战。因此，重新整理、发掘源远流长的海岛传统民间游戏资源，把海洋传统文化融入游戏之中，推陈出新，进行时代适切性和针对性的改造，创设既体现海洋文化底蕴，又富有现代气息，具有教育性、艺术性、操作性、探索性、开放性的海岛游戏体系，让传统游戏回归孩子们的游戏生活之中已成为一件时不我待的迫切任务；传统民间游戏还可以改造成为现代旅游活动中的参与性体验性项目，使旅游者在游戏活动中回归幼年时光，享受儿时乐趣、感知传统文化氛围。

传统民间游戏的传承形式主要是模仿，通过口耳相传的方式从长辈或同伴那里获得，并在不断地参与和实践过程中实现游戏的继承与发展。但是，随着独生子女政策的普及，溺爱的社会氛围存在，造成了游戏同伴的缺失；受“安全第一”的游戏观影响，学校在一定程度上限制了孩子们参加游戏的种类，制止学生参加运动量比较大的传统游戏；加上商品化玩具的层出不穷以及种类繁多、直观性和刺激性较强的电子游戏的迅速普及，学业至上的思想观念等影响，直接导致越来越多的传统民间游戏日渐衰微，传统民间游戏失去了继承人。面对传统民间游戏流失的种种困境，我们试图以舟山群岛为典型样本，以整理舟山群岛传统渔家游戏活动资料为契机，通过筛选游戏形式、拓展内涵、加入创新的成分、融合传统游戏与电子游戏等做法，赋予传统游戏新的内涵和意义，使传统游戏散发出时代的气息。

《舟山群岛传统渔家游艺集萃》共收集了83个游戏，研究团队根据海岛地区独特的地貌、人文传统、游戏方式以及推广渠道，将海岛传统民间游戏分成团队合作、个人技艺、动手制作、野外游戏、弈棋以及幼儿游戏六个大类。

在介绍这些游戏时，我们努力发掘游戏的文化内涵，每个游戏都追溯了其形成的源头，并侧重从游戏说明、游戏规则和游戏要求三个方面介绍游戏的玩法和竞赛规则。

为了更加生动地演绎这一海岛传统民间文化形式，特意加上配图。配图过程完全是一项浩大的工程，首先需要对游戏进行解读，然后选定素材设计画面，是一项再创作过程。非常感谢我的两位研究生，何龙芬同学于2009年一踏进浙江海洋大学校门便承揽了这项工作，她利用课余时间研究了这近百个游戏的内容，尝试了许多画风，设计了游戏中的人物和场景，最终确定以古代儿童为基本人物形象、以海岛古代生活画面为基本情景、以淡雅的国画赭石色为基本色调，营造古风古韵的效果；张译丹同学于2015年又续上以前的工作，画完了余下的所有配图，在此，对两位同学的辛勤付出表示衷心的感谢。

本书十分幸运地获得浙江省“水产学”一流学科开放课题和浙江海洋大学著作出版基金的立项资助，本书得以顺利出版，离不开海洋出版社编辑们的辛勤劳动，他们对书稿审核的认真态度令我十分感动和敬佩。本书也吸收并引用了国内一些学者和民间游艺爱好者的研究成果，参考了一些游戏图的构思，在此一并感谢！

马丽卿

2017年6月于舟山群岛

图书在版编目（CIP）数据

舟山群岛传统渔家游艺集萃 / 马丽卿等著．—北京：海洋出版社，2017.5
ISBN 978-7-5027-9803-1

Ⅰ．①舟…　Ⅱ．①马…　Ⅲ．①民族形式体育—介绍—舟山　Ⅳ．① G852.9

中国版本图书馆 CIP 数据核字（2017）第 143988 号

责任编辑：高朝君　侯雪景
装帧设计：一瓢文化·邱特聪
责任印制：赵麟苏

海洋出版社　出版发行

http://www.oceanpress.com.cn

北京市海淀区大慧寺路 8 号	邮编：100081
北京朝阳印刷厂有限责任公司印刷	新华书店经销
2017 年 8 月第 1 版	2017 年 8 月北京第 1 次印刷
开本：787mm × 1092mm　1/16	印张：18.5
字数：229 千字	定价：88.00 元

发行部：010-62132549　邮购部：010-68038093
编辑室：010-62100038　总编室：010-62114335
